土地は誰のものか

——人口減少時代の所有と利用

五十嵐敬喜
Takayoshi Igarashi

岩波新書
1914

はじめに――司馬遼太郎の嘆き

二つの土地基本法

近年、不明土地や空き地・空き家の増大など「土地」(所有権。特に断らないかぎり建物を含める)をめぐる「異常事態」の発生に対して、政府の対応が急ピッチとなってきた。政府は、まず空き家に対する「空き家対策法」(二〇一四年)を、続いて不明土地に対する「不明土地法」(二〇一八年)を制定した。しかし、これらは空き家、不明土地というような土地所有をめぐる「個別問題」について絆創膏を貼るだけの部分的対応にすぎない。

さすがに政府もこのような絆創膏だけでは対応しきれないと考えたのか、二〇二〇年(令和二年)に、土地の全体に関わる土地基本法の改正(以下、新土地基本法という)を行った。これは実は初めてのことではなく、一九八〇年代後半からの「バブルによる地価高騰」に対応するために制定された土地基本法(一九八九年(平成元年)、以下、旧土地基本法という)を、三〇年ぶりに改正したものである。端的に言えば、この変更は旧土地基本法が目的とする「開発の抑制」にプラスして、不明土地や空き地・空き家の続出に対応するため「管理」を強化しようというものである。そして「管理」を具体化するために、二〇二一年に民法(共有規定と相続規定)および不動産登記法が改正された。さらにマンションの区分所有権のあり方など、引き続き検討しなければならないというのが大方の合意である。

司馬遼太郎の警告

こう書くといかにもスラスラと物事が進んでいるかのように見えるが、実はこの改正には、日本の未来がかかっている。

土地のあり方が、人々の生活や行動に大きな影響を与えることはもちろんであるが、それだけでなく国家のあり方や存亡に関わるということを、最も強く、危機感をもって警告したのが、あの国民的作家司馬遼太郎であった。司馬は、旧土地基本法制定の背景となった田中角栄の「日本列島改造論」とその後のバブルなどによる「地価高騰」の影響を目の当たりにしながら、政府の無策とそれによる人心の荒廃は「私は、太平洋戦争を起こし、負けて降伏したあの事態よりももっと深刻なのではないか、日本は再び敗戦を迎えたのではないか、そう考えています」と断じ、健全な土地の秩序の構築を、日本国民全体に対する「遺言」としたのである。[(1)]

くしくも、旧土地基本法が平成元年、新土地基本法は令和二年という、ある意味での「時代」の転換期に制定されたのは、まさしく、土地の改革とは、土地そのものだけでなく「時代の転換」と関わっていることを、司馬の「遺言」は予見していたのではないか。

旧土地基本法の「開発の抑制」に「管理」を付け足すという新土地基本法への改正は、何を意味しているのか。

日本では、開発するも放棄するも原則自由というのが「土地所有権」の本質である。この土地所有権の自由は、日本では明治維新後の明治憲法と民法の制定によって確定された(以下、近代的土地所有権という)のであるが、世界的に見ても、それはそれまでの封建的な身分制に基づく権力者による人民支配から人々を解放するにあたって、決定的な役割を果たしてきた。

しかし時々この自由は暴走する。日本で、最初に「暴走」と認められたのは、田中日本列島改造後のいわゆるバブル期(一九八〇年代後半から一九九〇年代初頭にかけて)の地価が急上昇した時である。当時、日本全土の土地の値段の総計が、なんとアメリカ全土の地価の約二倍強にもなる、というような異常状態になった。政府は、これは「開発幻想」(無限大に開発が繰り返され、そのたびごとに地価が上昇していく)によるものであるとして、これに歯止めをかけるべく、それまでにあった土地に関するたくさんの個別法(民法などの私法、都市計画法などの公法、その他税法など、これらを全部数えると数百本にもなるといわれる)を束ね、これら個別法に対して全体的な方向性を与えるとして制定されたのが、旧土地基本法であった。そこでは開発を抑制するために、「投機的取引の禁止」「計画的利用」「価値の増加に伴う受益者負担」の諸理念を打ち出したのである。

今回の新土地基本法への改正の背景には、この旧土地基本法とは異なって、不明土地や空き地・空き家の発生という、「開発」とは正反対の「放棄」という形で「暴走」する事態への対応が不可避となってきたことがある。

実際、地方都市の中心商店街がすっかりシャッター通りになっている、というようなことは、今では全国どこでも当たり前の風景になった。最近はまた、ちょっと見ただけではわかりにくいが、注意深く観察すると一度も電気がつかない、窓や玄関が開かない、庭が荒れ放題になっているといった空き家も、あちこちに見られるようになってきた。実際、政府の発表によれば、空き家は我が町だけでなく、実は全国に八五〇万戸もあり、間もなく一〇〇〇万戸にもなるという。このような数字を示されると、やはり何かただごとではないことが起きている、と誰しも感じるであろう。さらに一見しただけではよくわからないが、もう誰が所有しているのかわからなくなっている「不明土地」が九州全土の広さを超えて、間もなく北海道全域ぐらいの面積に広がるとか、今では普通の居住形態となっているマンション、これまでに全国六七五万戸が建設されているが、実は将来建て替えができなくなって、これらはいずれすべて「廃墟」になる可能性があるとなると、もう他人事ではなくなり、全国民的な課題となっているということを認めなければならない。実際、高齢化した両親の死亡後、土地や建物をどうしたらよいのか、相続問題を含めて、多くの人が抱える共通の悩みとなっているのである。

土地所有権問題の根本原因

では、二〇二〇年の新土地基本法が目指した「管理」によって、問題は解決できるのであろうか。ここが問題の出発点であり、本書の問題意識である。

この問題意識を少し深めて言うと次のとおりである。

確かに空き地・空き家は、まず当事者が、自分で使うか、他人に貸すか、売却するか、あるいは自ら解体するなどして、老朽化や放置による崩壊の危険を除去し、他人に迷惑をかけないようにすべきである。不明土地についていえば、所有者の責任として、自ら整地すべきであり、固定資産税などの負担もしなければならない。関係者が多く同意を得るのが困難ではあっても、当事者の間の協議で真の所有者を確定すべきであり、それを対外的にも明確にするためにきちんと登記しなければならない。新土地基本法でいう「管理」とは、まずこのようにして「当事者自身の責任と負担」を強調するのである。

しかし、不明土地や空き地・空き家は、果たして個人の責務放棄によってのみ発生しているのであろうか。本書が出発点といったのは、この点に関する客観的事実と認識の相違を明らかにしないと、問題は解決できないと考えたからである。

人々はなぜ所有にまつわる自己責任を放棄するのか。単純に言えば、まず第一には東京などにすでに自宅を持っていて、今さら故郷の土地や建物を使用する必要がないからである。そして、自分で利用しない場合には、他人に売却するなり賃貸することができれば、不明土地や空き地・空き家は発生しない。問題の根源は、実は、それができないから、このような事態が発生してくるということなのである。

ではなぜできないか。これが第二である。これも単純である。自分だけでなく、他にもそのような土地や建物を必要とする人がいないからである。別な言葉で言えば「市場」がない、あるいは失われていくからである。市場の喪失は、つまり地域全体としては元気だが、個別には土地や建物を利用する人が見つからないというのではなく、例えば「限界集落」のように、地域全体に人が少なくなるというような事態によって生まれる。よほど特殊なニーズを持つのでもないかぎり、このような地域で土地や建物を購入しようとする人はいない。

当初、限界集落は地方のいわば辺鄙な村、といったイメージであったが、しかし、最近はこれが全国に広がってきたということが、重要なポイントなのである。その最大の原因がいわゆる「少子高齢化」であり、日本では二〇四〇年には現在の一八〇〇あまりの自治体(市町村)のうち約半分の九〇〇近くが「消滅」する、という報告がなされるようになった。人々の居住や農業などの継続の困難、土地や建物の市場の衰退、そして人口減少、これが不明土地や空き地・空き家発生の根本的な背景であり原因なのである。これは個々人の自己責任論では処置しきれない。個々人の「管理」に基礎を置く対策だけでは対処不能なのである。言い換えれば、これは「少子高齢化社会の到来」に対し、政府や自治体、国民、企業を含めた「社会全体」がどう対応するかという問題なのである。

ではどうするか。解決策は二つ。一つは人口減少を食い止める、もう一つは人口減少を受け入れて、その中で生きていく方法を見つけていく、というものである。社会と同じように土地の問題も、社会の変化によって激しく動く。仮にこのまま人口減少が続くようであれば、明治以来の近代的土地所有権、すなわち、「土地の使用、収益、処分の自由」にも、厳しく変革が迫られる。もっと言えば、旧そして新土地基本法に引き続いて、新しい土地所有権のもとでの三度目の「新新土地基本法」の制定がなければ、個々人の問題の解決はもちろん、日本全土の崩壊を防ぐこともできないのではないか。

目次

目　次

第1章　土地基本法と土地政策

一　土地商品化とバブル

土地という「魔法の宝」

政府は現在の危機的な土地問題にどう対応しようとしているのか。ここでは、まず新旧土地基本法制定の背景を、もう少し詳しく検証する作業から始めよう。

日本人にとって土地とは何か。後に詳しく検討するように、近代以前は、農業、林業など人々の生産の拠点であり、また家族とともに住む場所であった。しかし、それは必ずしも今日でいう所有ではなく、内外の状況変化によって「変更」されるという意味で、占有とか使用貸借のような一時的な使用権原に近いものであったと押さえておきたい。他方、統治者や権力者（天皇、貴族、武士、領主、大名、幕府など時代によってその名称は異なる）から見れば、それは年貢をとるという意味で財源ではあったが、それだけでなく土地を媒介にして、つまり一時的な占有や貸借を認めることと引き換えに、今日でいう道路や城あるいは宮殿といった施設建設のための賦役や、いざ戦いという時に軍への参加義務を課すという意味で「支配」の道具であった。

ところが、このようないわば身分関係に基づく土地支配は、近代(日本でいえば明治維新以降)に入り一変する。明治維新とその後の改革は、このような「身分関係」を廃し、国民(臣民)に対して誰にも侵されることのない絶対的土地所有権を認めるというものであり、これが封建制から資本主義への転換を決定づけたのであった。日本はその後、日清、日露戦争などを経ながら、土地所有権の分野では大地主と小作人という関係を生み出した。この関係は第二次世界大戦後、「封建的であり戦争遂行の大きな要因となった」として、GHQにより解体された。

土地所有権のあり方が急速に国家と国民自身の双方に関わる重要な問題として浮上するようになったのは、戦後の高度経済成長以降、資本主義的な土地所有が急成長を遂げてからである。国民にとって土地は相変わらず生活や生産の拠点であったが、資本家にとって、それは何よりも巨大な「財」(本社、工場、事務所、マンション、商業・リゾート施設などの開発、邸宅など)を生み出すものであり、土地の所有はそれらの力やステータスを示す絶対的なシンボルとなった。これはかつての住む場所や生産の拠点であった土地を、何よりも値上がりが期待される最大の資産・商品に転換させたことを意味する。土地という商品は、あらゆる商品の中で最も高価で、かつ、何もしないで、また圧倒的なスピードで、給料、生産や販売の努力あるいは金利などをはるかに超えて値上がりする「魔法の宝」に変貌したのである。

土地の商品化は、企業だけでなく「一億総不動産屋」と言われたように、国民全体に波及し、やがて一九八〇年代後半から一九九〇年代初頭にかけて「空前の地価高騰」「バブル」という時代を生み出したのである。

バブルの時代

土地のバブルとはどういうものであったか、いささかジャーナリステックであるが、筆者（野口和雄とともに監修）らが当時解説した『図説ニッポン土地事情'90』（自治体研究社、一九九〇年）からその状況を拾い上げてみよう。

「地価が上がって格差拡大」

1　天井知らずの地価上昇

一九七七年から一九八八年まで東京二三区では四倍から二〇倍になっている。

2　法人栄え、個人滅ぶ——法人と個人の所有面積比較

土地の所有面積は、千代田、中央および港区の都心三区などでは、法人所有の土地面積

が五〇%以上を占めるようになっている。

3　土地を買っただけでは採算にあわない

土地の価格が八年間で一〇倍になったのに対し、賃料は二、三倍にしか上がらない。地価と収益地価がかけ離れ、買収後直ちに売り飛ばすという投機的取引に走る。

4　土地資産の増大——持てる者と持たざる者

東京では九〇万六二〇〇人の個人（九二・四%）と七万五〇〇〇社（七・六%）の法人が土地を所有している。これを地価で見ると、個人のうち〇・二%の個人が一万平方メートル以上の土地を持ち、個人資産全体の二八・三%を保有する。法人は〇・一%の法人が一万平方メートル以上の土地を持ち、法人資産全体の一二・六%を保有している。

5　東京はますます大きく、地方はますます小さく

一九八四年、東京の土地資産は一四四兆円であったのが、一九八八年には四九一兆円に膨れ上がっている。ちなみに北海道は三二兆円から三五兆円、大阪は六九兆円から一〇〇兆円、九州は一〇〇兆円から一一二兆円という状態になった。

6　眠ったまま肥える含み資産の増大——簿価と含み資産、一〇年でおよそ三倍

資産を時価で評価した価額と帳簿価額の差を「含み」という。一九七八年から一九八八年まで法人企業の含み資産は、毎年三倍規模に膨れ上がった。

7　国富は泡でできている

各国のGNPの中身を地価との関係で見ると、日本は地価が圧倒的な割合を占めるのに対し、アメリカは地価はごくわずかである。土地資産額を比較すると、日本一二六二兆円に対してアメリカ五〇五兆円。日本はアメリカの二倍超となっている。

「泣くに泣けない市民生活」

1　ハネが生えた住宅価格

建て売り住宅は年収の八・二倍、マンションは七・七倍となった。一般的な購入限度額は年収の五倍である。

2　我が家はだんだん遠くなる

購入限度額に合わせて住宅を購入しようとすると、我が家は都心からどんどん遠くなる。

3　際立つ東京のウサギ小屋

国は住宅の広さ水準として、最低居住面積水準と誘導居住面積水準を決めている。東京圏では一四四万世帯（一四％）が最低居住面積水準に、七七二万世帯（七五・二％）が誘導居住面積水準に達していない。

4　サラリーマン「通勤」黒書

通勤時間が二時間を、混雑率が二五〇％を超える。

5　都心から住民が消える

都心三区の昼と夜の人口を見ると、昼は人であふれ、夜は人がいなくなる。

6　公園はアメリカの二〇分の一

7　道路が車で埋まる

東京都の環状6号線の混雑度をみると、一九八五年時点で、道路交通容量一七二万台(一日)に対し、実際の交通量は二倍になっている。

8　それでもほしい？　一戸建て

全国世論調査によれば、大都市圏では、六〇・六%の人が「土地・建物所有」を希望しているのに対し、借家でもよいとする人は一五・二%にすぎない。

などを見れば、地価高騰がどのようなものであったか、想像できるであろう。

二　旧土地基本法――バブルへの対応

基本法の制定

旧土地基本法は、このようなバブルに対処すべく、明治の憲法および民法による土地所有権の制定以来、初めて土地所有権改革を行ったものである。

土地に関する法律は、明治憲法と民法で制定された原則のもと、明治、大正、昭和にわたって、借地借家法、都市に関する都市計画法や建築基準法などの都市法、固定資産税や相続税などの税に関わる土地税制、公共事業のための事業法、土地収用法、さらには不動産登記法など数百本にもなるという様々な法律が制定され、積み重ねられてきた(以下、土地関連法という)。土地に関して何らかの不都合や必要性が発生した場合、その都度、既存の法律を改正したり、新法を制定したりして対応するというのが日本の立法慣行である。

しかし、バブルの発生は、このような部分的対応では対処しきれない、つまり既存の数百にも上る法律の下で合法的に発生している、という事態に遭遇したのである。バブルとは決して違法なものではなく合法的な産物であったことに注目されたい。社会的な現象の中には合法と違法という基準のほかに、正当と不当という基準があって、バブルは不当ではあるが合法ということなのである。

基本法の制定は、この不当という評価に基づいて、不当が極端な場合にはその行為を「違法」として、行政上の認可を与えない、あるいは懲役や罰金などの刑罰を加える、という目的を持つものであった。この不当を違法なものとして制裁するにあたって、基本法とは、何が不当かを法律上「理念」として明確にし、この理念に基づいて、このような不当を合法としている既存の法律（関連法）を改正したり、新たに法律を作る、ということを確認する法律である。旧土地基本法においてそれはどのようなものであったか、特に今回の新土地基本法との差異を明確にしながら、その特徴を見ていくことにしよう(1)。

基本的考え方

旧土地基本法は「正常な需給関係と適正な地価の形成を図るための土地対策を総合的に推進」（同法一条）するとして定められた。バブルは、経済の原則によって生じたものではなく、人為的に需給のアンバランスが喧伝されたことによって発生したとの認識のもと、このアンバランスを解消するための総合的な政策をとるというものである。土地の需給アンバランス、すなわち土地需要が土地供給を圧倒的に上回る、その結果地価が暴騰するという状態は、一般的に言えば「経済」、すなわち市場の問題なのであるが、この市場が土地所有権の持つ属性についての人為的な仕掛けによって、大きく歪められているので是正するというのが旧土地基本法の立場であった。

では、そもそもこのアンバランスはなぜ生まれたか。それは後に詳しく検討するが、明治憲法以来の「近代的土地所有権」、すなわち「土地所有権は絶対的なものであり、これは権利であり誰も侵すことができない」という「絶対性」と、この権利の絶対性のもと、「土地はどのように利用しても、またどれだけ儲けようと、さらに誰に売却しようと自由である」という考え方が基本となっている。道路や鉄道の建設によってインフラが整備され、その地域が便利になれば、従来の土地に付加価値がつき、値上がりしていく。開発はこれら公共的な付加価値だけでなく、事務所やマンション、大型スーパーやリゾートの開発といった民間開発と関連しながら拡大され、またその未来の豊かな夢が語られて、バブルは限りなく膨らんでいくのである。土地所有権の絶対性の論理によれば、これら開発も法的には何ら違法ではない。むしろ合法として不当の主張を封じ込める、という役割を果たすようになっていた。

しかし、開発の無限大な放置は前述したように、異常な社会を生み出した。それは不当を超えて違法の領域にまで達している。そこで、土地所有権の自由で絶対的という属性を修正すべく土地の公共性が着目された。すなわち土地は私的なものであるが、同時に、土地は連続しており、そこでの私人(以下、法人を含む)による限度を超えた開発は周辺に様々な影響をもたらす。そこで国や自治体は人々に安全で快適な生活を確保するため様々な介入を行うことが要請される。これを前面に打ち出し、かつ強化しようとしたのが「公共の福祉の優先」(同二条)という思想である。この思想は明治憲法のもとでも採用されていたものであり、既存の土地関連法もすべてこの公共の福祉のもとで制定されていたので、そう珍しい発想ではないが、これを地価高騰の抑止という観点から再構成しようとしたのである。

三つの理念

では、旧土地基本法のもとで「公共の福祉」はどうとらえられたか。

公共の福祉は旧土地基本法では次の三点に集約された。

適正な利用及び計画に従った利用（三条）

投機的取引の抑制（四条）

価値の増加に伴う利益に応じた適切な負担（五条）

まず、「適正な利用及び計画に従った利用」とは、開発の抑制を指す。それだけを見るといかにも当然のように見えるが、正確に言えば、実は絶えず「激論」を生み出す一大争点なのである。例えば大都市の開発の容量を決める建築の「容積率」――東京にどの程度の人口が集積し、これらの人々の住宅や活動を保障するために、建築物はどの程度必要か、という計画目標を、敷地に建設される容量ではかった基準。すなわち一〇〇坪の土地に空地を五〇％（建蔽率という）とって二階建てを建てる場合は容積率一〇〇％、四階建てを建てる場合には二〇〇％、一〇階建てを建てる場合には五〇〇％というように、容積率が大きくなればなるほど大きな建物が建設できる。容積率は地区ごとに都市計画によって定められる――について、供給を増やす（開発を促進する）ために容積率を拡大して建築の自由度を高めるべきだという意見と、このような規制緩和はますます投資意欲を刺激し、かえって地価高騰をもたらすという厳しい意見の対立があったことを知っておきたい。開発は、このような対立以外にも、利便性や機能性の確保と環境の保全やコミュニティの維持といった論争が付きまとう。また都市の容量の拡大は一極集中や世界的な都市間競争と直結していることにも留意されたい。

「投機的取引の抑制」は、地価高騰が激しい場所について、それを抑えるために、事前に取引価額を届けさせ、高すぎると思われる場合には引き下げるよう行政指導を行うという措置と、もう一つ金融機関に対する過剰融資への警告も含まれていた。すなわち地価高騰の犯人は、土地の売買にあたって無尽蔵に資金を提供する金融機関であるという世論の批判があり、その自粛を求めたものである。そして、いかにも時期遅れではあったが、政府主導による金融機関の「貸出の抑制」すなわち「蛇口を閉める」措置によって、土地の売買資金がほぼ凍結されるという対策が即効薬となり、バブルが崩壊したという評価がある。この措置は金融機関から見れば、バブルの崩壊に連鎖する事業者の倒産などによって、それまでに貸し付けてきた資金の回収が困難になるという痛手を負うものであった。しかし他のもろもろの措置が、特に法律の制改定を必要とする場合はその審議などで時間がかかるのに対し、これは金融機関が自主的に判断できるものであり(もちろん政府の政策に従わない場合には、何らかの不利益がある)、即効性があり、実際融資の自粛という手段はダイレクトにその効果を見せつけるものであった。

最後の「価値の増加に伴う利益に応じた適切な負担」は、地価高騰が起きる原因として、日本では土地を保有することに対する固定資産税などの保有税が安く、そのために事業者はいくらでも土地を抱えることができ、時機を見て自由に売り抜けることが可能であった。そこでその負担を重くすれば、土地を長期的に抱えこむというパターンを破ることができるとの発想によるものである。特にこの主張は野党が強く要請し、政府もこれを受け入れて、一九九一年、一定以上の土地を保有する個人と企業に対して課税する「地価税法」が制定された。ただこの法律は、課税の基準をめぐって意見の相違（課税宅地の規模、基礎控除などを算入すると、実質上納税義務者は大企業だけになる）があり、かつまた一九九一年の法律制定の頃にはすでにバブルが崩壊し、今後急激な地価上昇はないと判断されたため、一度も発動されることなく、一九九八年には「当分の間課税しない」とされ、幻の法律となった。

野党対案と市民運動

この旧土地基本法について、今回の新土地基本法と比較して目につくものとして、野党対案と市民運動の盛り上がりを指摘しておきたい。

これまで見てきたように、急激な地価上昇による持てる者と持たざる者の格差、事業者の零細土地所有者に対する暴力的な「地上げ」などもあって、国民の間に強い抗議の声が上がった。

これを受けて、政府案に対して当時の野党四党が「土地は国土を形成する有限な資源であって、国民の生活及び生産を通ずる社会的存立に不可欠な資源である」として、「土地の所有権は保護されるが、土地の利用は公共の福祉を優先させるものとする」という思想のもと対案を提出し、旧土地基本法はこの野党案を一部取り入れて制定されたのである。

バブルとは市民にとって、「地上げ」と「強制追い立て」であり、「あぶく銭」の蔓延であった。土地を売ろうとしない人、借家人などに対する明け渡し交渉名目の執拗な脅しと嫌がらせ、放火、ダンプカーの突入など暴力団の絡む犯罪的な地上げ、金、金、金の毎日、そして国民一億人を巻き込んだ売り抜け競争などは、冒頭に見たように司馬遼太郎が「戦争よりもひどい」と嘆く「モラルハザード」を見せつけた狂乱劇であった。正義や倫理の不在、不条理の横行、そして政府や自治体の無力に対し、市民は怒った。様々な陳情、デモ、そして野党対抗法案への結集などは、今回の新土地基本法制定にあたってマスコミを含めてほとんど「沈黙」であったことと比べると、まさしく昔日の感とでもいうべきであろう。

なかでも市民運動で新鮮だったのは、日本および韓国、台湾の市民がそれぞれの国・政府に対して対案を含む様々な要求を突き付けたことである。当時、アジアの三国とも地価高騰に悩まされていて、市民は危機感を持っていた。地価高騰の原因や対策はそれぞれの国の状況を反映して異なっているが、市民たちの主張には一点だけ共通するものがあった。それは土地は私的商品ではなく「公的なもの」である、ということである。そこでこの一点に絞って各国市民の提案を紹介しておこう。

日本

土地基本法代案(提案者=日本住宅会議事務局長早川和男、都市政策を考える会代表大谷幸夫、都市を考える法律家と建築家の会五十嵐敬喜、一九八九年)を紹介する。概略以下のような主張である。

「国民は、人類は自然界の一員であり、自然界とともにしか共存できないことを確認し、あわせて土地所有権の自由の名による過度な行使に伴う一切の歪みを正し、国民の生活の安定向上と政治、経済、社会、文化などの健全な向上を図る。

土地所有権の自由は、土地を所有することによって当然に与えられるものではなく、全体の計画のもとで行使されなければならない。

- 土地の利用は自然との調和および地域住民の共通の必要に従うこと
- 一切の土地利用は地方公共団体の計画に従うこと
- 土地所有権の行使は社会的な不公平や不平等をもたらすことがあってはならず、開発利益は社会に還元される
- 投機的取引の対象にしてはならない
- 以上の原則の実現は住民参加によって行われる」

なお、この市民の代案は一部野党の対抗法案の中に取り入れられた。

韓　国

韓国では一九八九年、国立開発研究院が「土地公概念」を公表した。「土地公概念」とは、

- 土地は所有権の対象である前に、国土の一部である。
- 地価の上昇は眠りながら享受する社会的創造価格であるから、公共のため還元されなければならない。
- 土地は他の商品と異なり、国民の生活、生産のために不可欠な基盤であるから、公共のために最も効率的に利用される適正な規制が図られなければならない。

というものであり、政府は「韓国経済正義実践市民連合」など市民のさらに具体化せよという要望に応えて、一九九〇年、住宅地所有上限に関する法律、開発利益還元に課する法律、土地超過利得税法、の土地公概念三法を制定した。

台　湾

台湾の土地についての根本理念は「平均地権」であり、これは国父孫文(一八六六―一九二五)の三民主義(民族主義、民権主義、民生主義)の中の、民生主義(経済的、社会的不平等の排除)から生まれた。具体的に言うと「私人の完全な土地所有権を認めず、土地所有権の全部を国有とも認めず、所有権の内容を分割して国家と個人に帰属させる。すなわち、土地所有のうち、支配管

理権（上級所有権）を国家に、使用収益権（下級所有権）を個人に帰属させる。国家の支配管理権は、個人を通して土地に達し、個人は土地に対して使用収益権を有するが、その使用・収益は、国家の支配管理権のもとにおいて行わなければならない」とする。

この理念を具体化するのが、

整理地籍（地籍整理）

申報地価（私人の所有する土地は地主自ら地価を評価して国に申告する）

照価徴税（国はその価格を基にして地税を徴税する）

照価収買（必要な時は申告価格にもとづいて買収する）

張価帰公（申告後に増加した土地の価格は、その自然増加分を完全に公に帰属させる）

地尽基利（これによって土地の有効利用を促進）

地利享受（土地によって生じた利益は国民全体が享受する）

というものである。単純に言えば、地価を低く見積もって申告した人は、固定資産税などの負担は低く抑えられるが買収などにあっては安く買われる、逆に高く申告した人は、固定資産税などの負担は高くなるが買収の場合には高く売れるというシステムであり、その判断をそれぞれの人々の「自主」に委ねるのが、台湾土地制度の真骨頂と言えよう。市民団体「カタツムリ族」はこの平均地権を支持し、その内容を強化するようデモなどを行い、強く要望した。

このように、三国の市民が地価高騰に抗議し、政府に対してそれを抑えるための措置を取るよう希望し、応援し、強く要請した結果、その一部が法律の制改定などとして実現された。その三国市民に共通する理念は「土地は一部の人の持ち物ではなく、万民のものである」という、新しい土地所有権概念の誕生とその確認であったのである。

今回の新土地基本法の制定では、このような野党対案の提出、その前提となる国民世論の盛り上がりなどはほとんど見られなかった。この点については新土地基本法の項で検討したい。

国会の附帯決議が示した課題

このような野党の対応や国民世論を受けて、旧土地基本法は制定されたのであるが、この旧土地基本法の理解のため国会の「附帯決議」を紹介しておきたい。この附帯決議を見れば、土地所有権の問題は、一片の法律によって片付くような代物ではなく、第2章で詳しく検討されるように「天下の一大事」と直結するものであることが実感できるであろう。

附帯決議は必ずしも法的拘束力を持つものではないが、法の運用あるいは将来への課題について、三権の中で頂点に立つ立法機関の決意を示すものとして、事実上、その後の政府・行政に対する政策的方向性を規定するものと言われている。衆議院、参議院の附帯決議の中から、注目すべきものをピックアップしてみると次のようになる。

①国民への周知徹底

土地問題は最終的には国民の動向によって決せられることの確認。国民の意思は土地政策にとって決定的である。しかし、国民が常に正しいとは限らない。近年の不明土地問題もこのような国民の位置づけの観点からも検討されるべきであろう。

②土地税制の見直し

土地税制の骨格は、固定資産税と相続税である。当時、固定資産税はいかにも安すぎる、逆に相続税は高すぎるというのが大勢であった。政府はこのうち固定資産税が安すぎることが土地の保有を容易にし、投機的取引に利用されるとして、一九九一年、一定の土地にさらに「地価税」を課す受益者負担の法律を制定した。しかし、これは一度も発動されず、他方相続税は手つかずとなった。高額な相続税によって日本では土地は細分化されていく。今回の新土地基本法でも高い相続税は手つかずとなっている。

③土地利用計画への住民参加

日本で諸外国と比べて最も遅れているのはこの分野である。政府内部でも、土地所有権は法務省、土地利用計画は国土交通省という縦割り行政となっていて、分断されたままである。住民も都市計画にほとんど関心を示さない。

④金融機関への指導・不動産業者への指導

バブルの崩壊は、政府による様々な政策よりは、「融資の自粛」という行政指導によってもたらされた。

⑤首都機能の移転等の推進

これは、地価高騰と放置を背景に制定された新旧土地基本法双方にとって、政策的には最も大きく本質的な課題である。国会決議は、あらゆる権力作用の中でも、国民の意思をダイレクトに表現するものとして最も強い権威を持つべきものである。この決議を受けて、東京一極集中解体の最も強力かつ有効な手段として、国会、行政、そして最高裁判所など「三権」の移転を内容とする「国会等の移転に関する法律」（一九九二年）が制定された。しかし、当時の東京都知事石原慎太郎の反対などもあって、法律は制定されたものの、実際は一ミリも動かなかった。その後、安倍政権で打ち出された「地方創生」は、言ってみれば地方の興隆によって徐々に東京一極集中を解体していくという政策であったが、これもほとんど功を奏していない。むしろ集中を加速させる「都市計画」が行われている。

この附帯決議は衆・参両院とも全会一致で決議されている。しかし現実は旧土地基本法制定から三〇年たっても何も動かず、今回の新土地基本法の制定にあたっても、それは単なるスローガンにとどまり、一向に改善の兆しは見えない。三権の中でも「最高」と位置付けられる「国会の権威」はどうなっているのであろうか。

三　新土地基本法へ——不明土地・空き地・空き家への対応

三〇年ぶりの改正

猛威を振るった地価高騰は、金融機関による「蛇口の閉鎖」によって一九九一年後半からようやく落ち着くようになった。バブルがはじけ、地価は東京など大都市の一部を除き、折からのデフレの影響もあって、全国的に下落傾向となった。しかし、注意深く言うと、全国で平均的に下落していったのではなく、特に農山村、地方都市が急激な下落を見せるようになったことに注目したい。これらの地域では商店街のシャッター通りが目立っていき、区画整理や都市再開発といった地価の値上がりを前提として行われていた都市計画事業も立ち往生し始めた。「限界集落」などという地域全体の消滅が言われ始めたのもこの頃からである。猛威を振るった「開発」は跡形もなく立ち消えとなった。もっと言えば、市場が機能しなくなり始めたのである。毎年政府によって発表される地価に関する「公示価格、路線価、固定資産税評価額」などの土地統計は、下落の現実をレントゲンのように正確に映し出した。今回の不明土地や空き家の出現と拡大は、旧土地基本法後の地価下落の延長上にある。

これが旧土地基本法以来三〇年ぶりの新土地基本法の背景である。

政府は、新土地基本法の目的として「土地・不動産の有効利用や、安全・衛生・景観などに関する周辺地域への外部不経済の防止、災害予防、復旧、復興などの観点から、適正な土地利用・管理の確保を図り、ひいては大都市から地方まで地域の活性化や安全で持続可能な社会の形成に資することを明らかにする」という。いかにも抽象的かつ網羅的であり少々わかりにくいが、端的に言うと、増加し始めた不明土地や空き地・空き家の解消の前提として、まずは全国的に「土地は適正に利用されるだけでなく管理されなければならない」というのである。

「管理」の思想

では、これはどのようにして実現されるか。旧土地基本法と新土地基本法はこれまで見てきたようにそのバックグラウンドを全く異にする。前者は開発の抑制が主であり、後者は開発から見放された土地の管理を主としている。したがってそこでうたわれる理念も政策も全く異なるものになるべきであるが、立法の技術として、新土地基本法は、旧土地基本法の改正として制定された。そのため新土地基本法の目玉商品である「管理」部分もいかにも複雑でインパクトが薄くなっているのが残念である。以下、基本的に「管理」を中心に取り上げて解説していくことにする。

まず、二条で「土地についての公共の福祉の優先」が強調される。

「土地は、現在及び将来における国民のための限られた貴重な資源であること、国民の諸活動にとって不可欠の基盤であること、その利用及び管理が他の土地の利用及び管理と密接な関係を有するものであること、その価値が主として人口及び産業の動向、土地の利用及び管理の動向、社会資本の整備状況その他の社会的経済的条件により変動するものであること等公共の利害に関係する特性を有していることに鑑み、土地については、公共の福祉を優先させるものとする」

先に見たように、旧土地基本法ではそれまでの「絶対的土地所有権」に対して、「公共の福祉の観点から、制限を行う」というものであった。開発の暴走に対する都市計画などによる規制を「公共の福祉」として考えたのである。新土地基本法では、これにプラスして「管理」を「公共の福祉」とした。具体的には、後に見るような民法や登記法の改正によって、土地所有権者に対して管理義務を負わせ、義務違反に対しては罰則を適用するというのである。

次は、五条「土地所有者等による適切な負担」、その第2項である。

「2　土地の価値が地域住民その他の土地所有者等以外の者によるまちづくりの推進その他の地域における公共の利益の増進を図る活動により維持され、又は増加する場合には、土地所有者等に対し、その価値の維持又は増加に要する費用に応じて適切な負担が求められるものとする」

この一文の追加は、先の公共の福祉による負担をさらに一歩進めるものである。

また、六条(新設)で、「管理」について「土地所有者等の責務」を定め、

「1　土地所有者等は土地についての基本理念にのっとり、土地の利用及び管理並びに取引を行う責務を有する。

2　土地所有者は、前項の責務を遂行するに当たっては、その所有する土地に関する登記手続きその他の権利関係の明確化のための措置及び当該土地の所有権の境界の明確化のための措置を適切に講ずるように努めなければならない」

と定めた。

加えて九条は、「国民の責務」として、

「国民は、土地の利用及び管理並びに取引に当たっては、土地についての基本理念を尊重しなければならない」

とする。一般的には、国、自治体、事業者、国民の義務は抽象的に規定される。旧基本法の開発の抑制はどちらかといえば、国、自治体、事業者に向けたものであるのに対し、今回の「管理」は国民が主体となっていて、しかもその違反には個別法による罰則が伴う。このような事態は旧土地基本法では想定しておらず、今回新たに国民の義務を強調したのであろう。

さらに、一三条で、これら理念と施策を行うにあたり、国および自治体に対して「適正な土

地の利用及び管理の確保を図るための措置」を命じ、

「4　国及び地方公共団体は、低未利用土地（居住の用、業務の用その他の用途に供されておらず、又はその利用の程度がその周辺の地域における同一の用途若しくはこれに類する用途に供されている土地の利用の程度に比し著しく劣っていると認められる土地をいう。）に係る情報の提供、低未利用土地の取得の支援等低未利用土地の適正な利用及び管理の促進に努めるものとする。

5　国及び地方公共団体は、所有者不明土地（相当な努力を払って探索を行ってもなおその所有者の全部又は一部を確知することができない土地をいう。）の発生の抑制及び解消並びに円滑な利用及び管理の確保が図られるように努めるものとする」

としたのである。

二一条（新設）の「土地に関する基本的な方針」は、管理を中心とする新土地基本法体制を構築するための前提となるものであり、

「政府は、土地についての基本理念にのっとり、土地の利用及び管理、土地の取引、土地の調査並びに土地に関する情報の提供に関する基本的施策その他の土地に関する施策の総合的な推進を図るため、土地に関する基本的な方針を定めなければならない」

とする。これが、新土地基本法のいう管理の思想と政策の方向性である。

四　二つの基本法の考察——近代的土地所有権の限界

旧法と新法のバックグラウンドの違いと、それに基づく政策の差異がこれで明確になった。この二つの基本法には共通する部分と異なる部分とがあり、いずれも土地所有権の本質に関わるものである。そして、良きにつけ悪しきにつけ、それぞれの「限界」もこの本質部分に関わっていて、そこには新旧双方の基本法の限界も見えてくる。言い換えればこれらの法律は真実、有効だったのか、また今後有効か、という疑問と関係している。

管理の発想の限界

地価高騰と放置という正反対の現象は、まず双方とも、所有者の所有者として当然に果たすべき義務の欠如に基づいている。双方の現象はいわば自然現象ではなく、いずれも「人為的」なものであった。地価高騰は「一億総不動産屋」(もちろん主犯は大企業およびこれに融資した金融機関、そしてこれを開発政策で推奨した政府であるが、国民もこれに便乗した)となって煽り立てた結果である。他方、放置は、所有者として他に迷惑をかけないように適切に管理するという義務に違反して出現したものであり、これも地価高騰と同じように人為的なものであった。そして繰り返すが、これは本質的に日本の土地所有権の絶対性、つまり「使用、収益、処分の自由」が、双方とも極端に振れて発現した結果であった。そこで双方の基本法とも、この振れを是正するため、土地所有権は絶対なものではないとして「公共の福祉」を強調して、それぞれ自制(新土地基本法に関連する個別法では罰則を伴う)を求めたのである。それはある意味で当然で素直な対応である。

しかし、それ以上に注目すべきことは、実は表面上は、誰もが納得するような言葉で語られているにもかかわらず、その実施段階では、それぞれ自己に有利なように解釈を施して、まるで見当違いの政策がとられていく、という日本の現実である。旧土地基本法下では、開発の抑制がうたわれ、東京一極集中の是正が附帯決議された。にもかかわらず、政府、企業そしてマスコミや学者も、都市の発展あるいは経済成長、雇用の確保など、もっともらしい理屈を並べたうえで、開発を促進するため、高い建物を建築できるようにする容積率の緩和など様々な規制緩和を採用し、東京一極集中政策を加速させてきた。のちに見るように「都市再生事業」では、容積率だけでなく、財政、金融などの面でも政府は最大限援助を約束するなど、まさしく「舌の根の乾かぬうちに」というものであろう。

新土地基本法では、登記の完全実施など管理に必要な最低限の措置をとることは当然であるが、本来なら管理だけでなく地方都市の再生を試みる新たな政策が必要なのである。管理だけでは、不明土地は登記によって不明ではなくなるが、市場が冷え切ったままでは新政策は困難であり、そのまま空き地として放置される可能性が高く、空き家も増大し続けるに違いない。市場として活性化させるためには、東京一極集中の是正と同時並行的に地方の再生策が図られなければならないのに、管理にはその発想がない。

大きな意味ではこれらももちろん人為的なものであるが、ここで上げた要因は人々が個々人で対処できるものとは明らかに次元が異なっていることは明白であろう。

したがって、新土地基本法の理念を実施するためには、先に見た旧土地基本法制定時の附帯決議を一つひとつ検証し、それを阻害する法律を改正し、またそれらを促進するための新立法の制定を目指さなければならないのであるが、このような姿勢は肝心の立法府にもほとんど見えてこないというのが、日本の政治の実態である。

人口減少への無関心

不明土地などの発生の大きな要因となっているのが、所有者の自覚不足だけでなく、「少子高齢化」であるということが、数字的にも、また社会的にも明らかになってきた。その問題点をズバリ指摘し、衝撃を与えた代表的なものが、元岩手県知事、総務大臣などを務めた増田寛也の編著『地方消滅――東京一極集中が招く人口急減』(中公新書、二〇一四年)であった。この本は、日本の自治体のほぼ半分にあたる八九六の自治体が、その数学的根拠をもとに、具体的に二〇四〇年を境に「消滅」すると公表し、大きな反響を呼んだ。

このような不安が全国的に、そしてリアルに共有されたのは、本の刊行の三年前、二〇一一年三月の東日本大震災の時である。この大震災では津波と原発事故が重なり、日本の歴史の中でも最大級の災害となった。忘れてならないのは、被災地は実は人口減少の先端地域であり、ほとんどの被災地が二〇一四年、増田らにより「消滅」と予測されることになる地域であった点である。そこにはすでに不明土地や空き地・空き家が相当数存在していた。従って、ここでの復興は後に詳しく見るように、復興基本法によって「元に戻す」だけでなく、「二一世紀半ばにおける日本社会のあるべき姿」(のモデル)を構築することが最大目標とされたのである。

ここに言う「モデル」とは、人口減少を最小限にとどめる、あるいは自治体消滅を避けるための社会をつくるということであり、当然のことながら不明土地や空き地・空き家の解消という目標も含まれているのである。

この最大目標の達成のため、政府は最終的に三二兆円という膨大な復興資金を準備し、日本政府の全精力を傾けた支援(復興庁の創設、多くの法改正、市民と企業あるいは学者・研究者などの総動員)を行った。その結果どうなったか。

現実は、二〇一一年の震災発生時から復興期間と定められた二〇二一年までの一〇年間に、岩手県の人口は一三三万から一二〇万人（九・一％）、宮城県は二三四万人から二二九万人（二・一％）、そして福島県では二〇二万人から一八二万人（九・九％）に減少した。つまり人口減少には歯止めがかからず、むしろ加速されているという現実が明らかになっている。岩手、福島の一〇％減というのは県全体を見たものであるが、こと被災地に限って言えば、それ以上に減少が続いているところがあることは言うまでもない。

国家の総力を挙げた支援にもかかわらず人口減少を止められない。それはなぜか。新土地基本法の制定にあたっては、何よりもここでの復興経験を「生きた参考例」として学習すべきであったのである。しかるに、政府資料や国会議事録を見ても、人口減少はなぜ止められないかという問題についての関心はほとんど見られなかった。大量の「不明土地」の存在についても、区画整理や都市再開発などの復興にあたって障害になるという程度のアナウンスはあったが、それはどうしたら解消され、再生できるかというという側面については、その原因探求と総括の視点はほとんど見られなかったことに注目すべきであろう。

変わらぬ法の枠組み

新土地基本法は先に見たように、旧土地基本法の上にいわば「上書き」する形で制定された。つきわめて単純に言うと、従来の「開発抑制」に「管理」という言葉を付け加えたのである。つまり求められている解決策が根本的に異なっているのに、それらは同時並行となっているのである。

しかし、ここには大きなジレンマがある。

まず法律というものの実態から見ていこう。今回の土地基本法改正までには一九八九年から二〇二〇年までの約三〇年という時間が経過している。法律をその寿命という観点から見ると、日本は諸外国と比べていったん法律が制定されるとなかなか改正されないという慣行があると言われている。今回、関連法として改正の対象となった民法が、一八九六年の制定以来、随時部分的な改正は行われてきたが、抜本改正はおよそ一〇〇年以上にもわたって行われていないというのはその象徴であろう。法律について抜本的な改革が行われるのは、日本の近代史でいえば、封建国家から近代国家になって明治憲法が制定された明治維新時、もう一つは第二次世界大戦の敗戦を契機に天皇＝神から天皇＝象徴に転換した昭和憲法制定の時くらいである。昭和憲法も制定以来すでに七〇年以上が経過しているが、改正の必要性や当否は別にして、ご存じのように一言一句変更されていない。この「硬性憲法体制」（ほとんど変更されない）のもとで、その下位にある法律もいわば継ぎ足し、継ぎ足しの状態で、時代の要請に対応してきたというのが実情である。

今回の「上書き」もその典型である。これを「土地所有権」についてみてみよう。近代的土地所有権、すなわち自由にして絶対的な土地所有権は、明治憲法の制定によって国家の基本となった。しかも明治憲法のほとんどが否定された昭和憲法の制定の際も、

明治憲法二七条「日本臣民は其の所有権を侵さるることなし。２　公益の為必要なる処分は法律の定むる所に依る」

が、

昭和憲法二九条「財産権はこれを侵してはならない。２　財産権の内容は、公共の福祉に適合するように、法律でこれを定める。３　私有財産は、正当な補償の下に、これを公共のために用いることができる」

となっただけで、昭和憲法二九条３項の「正当な補償」を除いてほぼ継続されたことがわかる。言ってみれば今回の土地基本法は、明治の一八九〇年来の近代的所有権の枠組み、すなわち「所有権の絶対的自由」の中で、開発の抑制と管理が両立するとして制定されたのである。この間およそ一三〇年、明治後半と現代の日本では、人々の生活の仕方、考え方、そしてもろもろの制度や技術が全く様変わりしているのに、法律の世界はほとんど変わっていないということに驚くであろう。

では、このような明治以来の枠組みである近代的土地所有権の中で、なぜ、現代の問題を解決できるというのであろうか。この問いに対してここで直ちに回答することは難しい。

というのも、土地基本法はいわば「理念」を定めるだけであり、その理念は真実どのようなものであるか、抽象的で実はよくわからないからである。開発の抑制といっても、山を削り海を埋め立てる干拓、ダムや道路を造るというような巨大公共事業から、近隣の空き地を公園にしたり、住宅を建設したりするものまで、開発にもいろいろある。管理も、一つひとつの土地や建物あるいはそのデザインを屋根から窓まで一切変更してはならないという文化財保護的な管理から、ただ年一回、周囲を見まわるだけというような管理もある。その内容を具体的に定めるのは、次に見るような「関連法」(これらはそれぞれ理念に基づいて、具体的に数値や罰則をもって法的な拘束力を持つ。理念法に対して実定法という)であり、それによって初めてその理念がどのような意味で反映されているかがわかるという構造となっていて、それなしの表面上の言葉だけでは、その守備範囲や可能性、限界などはほとんど知ることができないのである。

五　土地関連法の整備——空き家法から登記法まで

では新土地基本法のもと、今回はどのような関連法がつくられ、あるいは改正されたのか。これによって「管理」の実像が明らかになる。もっとも今回の基本法に関連する法律はたくさんあり、その内容も複雑である。そこで、ここではわかりやすくするために、これら法律についてグルーピングを行い、内容についても条文通りではなく、要約しながら見ていくことにする。

国土調査法(一九五一年。二〇二〇年改正)
国土調査促進特別措置法(一九六二年。二〇二〇年改正)

土地所有権はその範囲(境界)が明確でなければならない。土地の利用も管理もそれなしには実施できないからである。古くは豊臣秀吉の太閤検地が有名であるが、近代的な取り組みは明治時代に始められた。明治政府は民法制定に合わせて、土地の範囲を決めるために地図(公図、地籍図)を作成した。しかし当時の測量技術が精密でなかったこと、災害などで地形が変形してしまったこと、公図は机上で線を引いただけで現地での起点が明確でないことなどもあって、あまり信用できないといわれてきた。都市部では道路などの公共事業や民間での売買の際に測量が行われ、少しずつ精度が高められてきたが、山林などはいまだに明治時代のままでほとんど境界や面積がわからないところもある。

これらの不備を解決するため、一九五一年に国土調査法が、一九六二年にはさらにそれを強化するために国土調査促進特別措置法(「国土の開発及びその利用の高度化に資するための、国土調査事業の緊急かつ計画的な実施の促進を図り、もって国民経済の健全な発展に寄与する」)が制定された。

今回の改正では管理を強化するために、「国土の開発」に加えて「保全」が入れられた。

空き家等対策の推進に関する特別措置法（二〇一四年、議員立法）

空き家法はもちろん急速に増加しつつある空き家対策のための法律であり、次の不明土地法と同じく、土地基本法改正に先立って制定された。

そもそも日本にはどの程度の空き家があるか、次の資料を見てみよう。

図1―1を見ればわかるように、国土交通省によれば、日本全体で空き家は二〇一八年現在、八四九万戸（最多は賃貸住宅五一％、長期不在その他四一％）であり、空き家率は一三・六％となっている。日本は「高齢者の単身世帯」が多く、今後空き家はますます増加し、まもなく一〇〇〇万戸を超えるだろうと予測されている。この数字は全国で見たものであるが、地方都市や中山間地域などではあちこち空き家だらけという事態が目に付くようになってきた。空き家法はこれに対処しようというものであり、「空き家等が防災、衛生、景観等の地域住民の生活環境に影響を及ぼしており、地域住民の生命、身体、財産の保護、生活環境の保全、空き家等の活用促進のため」対応が必要という。

さて、空き家とは「使用されていないことが常態」となっている家屋を言うが、このうち、倒壊など著しく保安上危険となる恐れのある状態

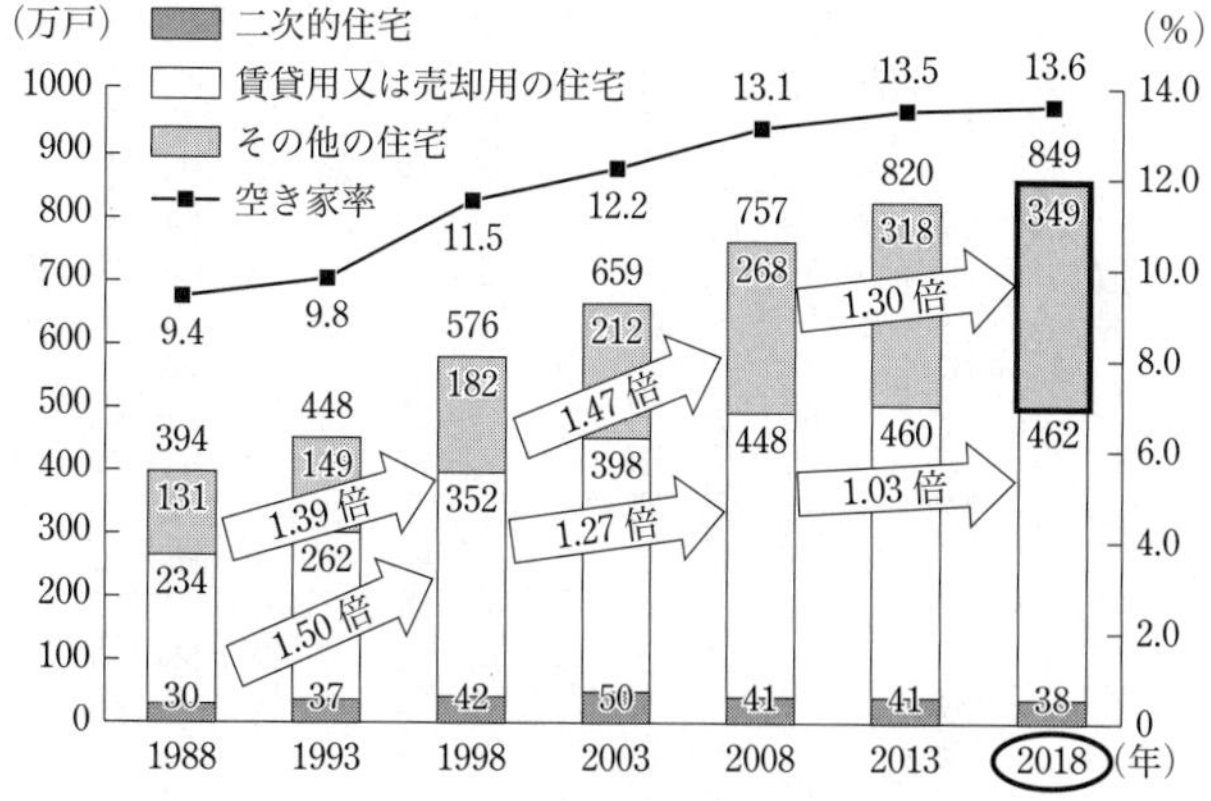

図 1-1　空き家の種類別の空き家数の推移

（出典：国土交通省「平成30年住宅・土地統計調査の集計結果（住宅及び世帯に関する基本集計）の概要」）

表 1-1　空き家法の施行状況

	2015年度	2016年度	2017年度	2018年度	2019年度	合計
助言・指導	2,206 (129)	3,126 (203)	3,816 (270)	4,487 (323)	5,394 (401)	19,029 (614)
勧告	52 (23)	198 (72)	271 (91)	364 (101)	466 (139)	1,351 (263)
命令	4 (3)	17 (16)	44 (29)	43 (21)	42 (33)	150 (81)
行政代執行	1 (1)	10 (10)	12 (12)	18 (14)	28 (25)	69 (57)
略式代執行	8 (8)	27 (23)	40 (33)	49 (44)	67 (56)	191 (128)

注：(　)内は市区町村数（国土交通省の資料を基に作成）

著しく衛生上有害となる恐れのある状態
著しく景観を損なっている状態
その他周辺の生活環境の保全を図るために放置することが不適切である状態

になっている空き家を「特定空家等」とし、

改善のための助言

自主的に改善されない場合には、勧告や命令

最終的には、自治体で「代執行」(強制取り壊し)

を行うという措置がとられることになっている。

従来、どんな非常事態にある空き家であっても、「所有権」に対して行政は介入できない(民事不介入の原則)という建前から、事実上放置状態となっていたが、それと比べて空き家法は、行政が本格的に私的所有権の改善に乗り出す、所有権の絶対性を破壊するという意味で画期的な法律であった。

では、法施行後、実際、空き家はどれだけ改善されたか。これを見たのが、表1-1(前ページ)であるが、これによると、二〇一五年から二〇一九年までの五年間で、

助言・指導　一万九〇二九件
勧告　一三五一件

命令一五〇件

行政代執行（所有者が履行しないとき、十分でないとき、完了の見込みがないとき） 六九件

略式代執行（過失無く必要な措置を命ぜられるべき者を確知できないとき） 一九一件

となっている。つまり、所有者が承諾しないため強制取り壊しとなる行政代執行は年間でほぼ一四件であり、いわば所有者が不明となっているため行われる略式代執行は年間四〇件程度である。

この実績をどう評価するか。正直に言って、この数字は誰が見ても、急増する空き家の数などと比較してまことに少ない。ただのやっているという格好（アリバイ）を見せるためという程度の数といったら言い過ぎであろうか。

もちろんこれは言うまでもなく、助言や指導の段階で効果があり、代執行が必要でなくなったということではない。助言や指導は効果がなく代執行の必要性は高まっている。にもかかわらず代執行ができないのは、代執行にたどりつくまでの手続き、あるいは代執行に要する費用（廃材の処理などを含めて数百万円を要するといわれている。建物所有者からの回収が原則だが、現実的には容易ではなく、ほとんどが自治体の自己負担となる）、建物解体・撤去の後の空き地となった土地利用が見込めないからである。行政にとって「執行」はただただお荷物になるだけというのが実態なのだ。まもなく一〇〇〇万戸に達する空き家について、代執行などによる対応が年間

五〇件程度というのでは、ほとんどお手上げ状態と見なければならないのではないか。

所有者不明土地の利用の円滑化などに関する特別措置法(二〇一八年)

法律上「不明土地」とは「不動産登記簿上で所有者の存在が確認できない土地」のことを言う。(2)

内訳を見てみると、「所有者がすぐにはわからない」が全体の三分の二、「所有者が判明したとしても連絡が取れない」が三分の一になる。

面積で見ると、このような土地はおよそ四一〇万ヘクタールほどで、日本全体の約一〇%強を占める。先に触れたようにこの面積は九州全土と沖縄を足したくらいである。これが二〇四〇年には七二〇万ヘクタールに増えると予測されていて、いずれ不明土地は北海道と同じ面積ぐらいになると言われている。

なお、後に見るように、これは登記簿を見ただけでは実際の所有権者がわからない、というだけで、真実所有者がわからないというものではない。

これが不明土地の実態であるが、なぜこのような不明土地が生まれるのか。土地の所有権者は登記簿に記載されるというのが本筋であり、登記簿上の所有者が真実の所有者とみなされるべきであるが、日本ではこの建前と実態が乖離している。つまり登記簿上の所有者が、真実の所有者ではない。これを不明というのである。

通常、売買などで所有権が移転する場合は以前の所有者から新所有者に移転登記が行われるのでこれは一致する。問題は相続によって所有権が移転する場合であり、土地を相続した相続人が様々な理由で真実の所有権者を登記しないまま放置することによって発生するのである。ちなみに法務省のサンプル調査によれば、最後の登記から九〇年以上たっても登記されていない土地が、中小都市、中山間地ではおよそ七％もある。七〇年間という期間で見ると一二％もあるという。

つまりこれは三代あるいは二代にわたって登記されていない所有権がたくさんあるということである。三代あるいは二代にわたって登記しないというのは、その分だけ相続人、つまり所有権者が増えていくということである。特に戦前は「生めよ、増やせよ」で、子どもがたくさん生まれた時代であった。その結果「ねずみ算式」に相続人が増えていく。数百人の相続人がいることも珍しくない。これら相続人の中にはもちろん死亡している人もいれば、住所不明や、海外に居住という人などもいる。また、認知症などの病を患っていてものごとをよく判断できない人も多い。それぞれの相続人は、互いに名前も知らなければ、自分が相続人であることさえ知らないというのも珍しいことではないのである。

このような状態にある土地でも、実は戸籍、固定資産台帳、あるいは周辺の調査などを駆使し、膨大な費用と時間や労力をかけて調査していけば、最終的にはほぼ全部の土地について所有者は特定できる(〇・四%ぐらいは特定不能土地が残るといわれている)。その意味では不明土地は存在しないのであるが、物事はそう簡単ではない。まずはこのような調査のための費用や時間、労力は誰が負担するかという問題がある。また相続登記をするには、全員の合意(遺産分割協議)によって特定人を相続人とするか、それができない場合には相続人全員を登記するということになる。しかし、相続人が多数の場合、遺産分割の協議はほとんど不可能である。

これら様々な困難について、裁判所の許可など特別な手続きを申請し解決するという方法もないではないが、それらを個人で実行していくのは、調査時間や経費、合意形成のためのわずらわしさなどが付きまとい、かなり難しいというのが現実である。

では不明土地法は、この現実にどのように対応しようというのであろうか。

簡単にいえば、不明土地、つまり土地所有権者の承諾がなければ通常は無断使用として刑罰や損害賠償の対象となるのであるが、これを合法的に利用できる仕組みを作り出したのである。ただ、この仕組みは少し複雑なのでいくつか順に紹介していきたい。

不明土地は、もちろん誰も利用する人がいなければいずれ自然にかえる。しかしそれ以前に、その存在は、荒れ放題となって近隣の人の迷惑となるだけでなく、道路や区画整理あるいは防災などの公共事業にも大きな影響を与えることになる。そこで社会の全体的な観点から見て、その土地を利用することが「公益」にかなうと判断される場合には、これら所有者の同意がなくても、強制的に土地を利用する方法を考えたのである。

まず対象となるのは「反対する権利者がおらず、建築物(簡易構造で小規模物を除く)がなく、現に利用されていない土地」である。利用する側から見ればとても高いハードルである。

建築物が残存しているとなぜ、このような措置の対象にならないのか。建物が存在しているのは土地を利用していることの証明である、あるいは撤去の手続きや費用負担について空き家で見たような困難があるということであろうか。それはともかく、このような土地について以下のような対策をとった。

1　公共事業における収用手続きの合理化・円滑化(所有権の取得)

2　地域住民による地域福利増進事業の創設(利用権の設定)

1は、具体的には、従来の土地収用手続きには時間がかかるので、この手続きに代わり都道府県知事が裁定できるようにする、というのである。

不明土地が公共事業の対象となる場合、その当事者は国や自治体であって、土地は最終的には国や自治体に帰属すべきものという考えによれば、1の方法は自然である。しかしこの不明土地について民間人である私人が利用するのは(実は土地利用の必要性は、国や自治体よりも、その土地の社会的価値をよく知っている地域住民の方に高い)、他人の土地を「無断」で使用するということなので、慎重な手続きが必要となる。これが2である。

都道府県知事は申請を見て、その利用が「公益性」を有しているかどうか確認する。都道府県知事が公益性があると認めるときは、市町村長の意見を聞いたうえで、この不明土地に対して強制的に、上限一〇年を限度にして利用権(借地権)を設定し、地域住民にその土地の利用を認める。真の所有者が現れて明け渡しを求めた場合には、地域住民は期間終了後に原状回復して返還しなければならない。また、返還要求がない場合は、その期間を延長できるとしたのである。

この2の仕組みは、1のように土地所有権を移転してしまうのではなく、借地権を設定する(所有権はそのまま維持される)という点に特色がある。

あとで詳しく検討するように、これは、筆者が二〇一一年の東日本大震災の復興にあたって主張した方法(土地所有権は個々人のものとして手を付けずに、土地利用について「定期借地権」を強制的に設定して、その土地を地域住民が共同して利用する。建物を建築する場合にはその期間は五〇年など長期にする)を採用したものである。筆者はこれを東日本大震災の復興基本方針を検討する復興構想会議の中で主張したものであるが、「絶対的土地所有権に対して革命を起こすものだ」として、法務省と国土交通省などが反対したため不採用になった。しかし両省が一〇年もたたないうちに手の平を返すようにして立法化したのは、まさしく「時代の趨勢」を感じさせるものである。同時にこの両省の転換は土地所有権も時代によって変容するということを教えてくれた点で、個人的には実に感慨深い立法であった。

なおこの法律では、地域住民の要望の「公益性」の判断をどのように行うか定かではないが、これは地域の実情に応じて柔軟に(例えばコンビニ、介護や子供の施設、あるいは野菜畑や果樹園その他など)運用すべきであろう。また、後に真の所有者が現れた場合に備えて利用期間の上限を一応一〇年(ただし更新可)としているが、堅固な建物の建築など、一〇年以上の土地利用を必要とする場合もあり、真の土地所有権者が現れた場合には、建物を取り壊して明け渡すのではなく「借地料」を支払うなどの方法で調整すべきであろう。こうして理想的な制度はできた。

さて、この不明土地法の最大の問題は、実際、このような方法によってどの程度土地利用が行われるか、という点である。

これも端的に結論から言うと、実に暗澹たるものなのである。国土交通省などによれば、このような方法での土地の活用は「一〇年で一〇〇件」、つまり一年間で一〇件くらいあれば、と予測している。しかし年々増加している不明土地について年一〇件程度では、誰が見てもほとんどお話にならないことは明白であろう。

なぜこの程度の利用しか考えられないのか。ここには土地所有権を商品＝市場としてしか考えてこなかった戦後の建設省＝国土交通省の政策の誤り、およびこれを是としてきた戦後日本社会全体の歪みが刻み込まれている。これは第3章で「都市計画」の観点から見ていくことにしよう。

民法(一八九八年。二〇二一年改正)相続についての改正

なぜ不明土地が発生するのか。それは誰が所有権者であるか対外的にも一目でわかる「登記」、つまり「管理」が、うまく機能していないからである。その最大の要因は「相続」にあることはすでに見た。今回の民法改正はこの「相続」に切り込むものであり、現実に大きな影響力を持つ。同時にこの改正は、諸外国と日本との相違を浮き彫りにするものであった。

日本では被相続人の死亡と同時に、所有権は自動的に相続人に平等(相続の割合は法律で定められている。民法八九六条)に移転することになっている。ただし被相続人が遺言によって相続人を指定する場合、および相続人全員の合意によって「遺産分割協議」をする場合には、この平等原則は修正される(ただし、相続人が遺言による指定から外された場合でも「遺留分」の保障がある)。この相続平等原則は、明治民法以来のものというわけではない。明治民法では「家制度」を守るため、「家督相続」、すなわち長男がすべての財産を相続する、という原則が採用されていた。しかし戦後、家督相続は、家制度という封建的な仕組みの下で相続人の平等を破壊する

ものであるとして改正された。その結果、遺言あるいは遺産分割協議による合意ができた時を除いて、相続人全員が平等に財産を所有（これを共有という）することになった。

不明土地の問題はこの平等相続が原因となっている。

イ　相続人が多数かつ住所不明などのため登記できない。

ロ　相続人は確定しているが分割協議ができないため、共有の状態で現状維持のまま継続される。分割協議ができない場合は、土地を売買したり建築などのため土地利用するのに全員の合意を得ることが必要となるが、これは大変困難であり、売買も利用もできないまま放置される。

ハ　相続財産としての土地や建物は、誰か一人にその全部を帰属させるか、小さく分割して各自所有するということになる。都市部では、相続税が高額になることもあって、その支払いのため、相続財産を売却して金銭で分配することが多くなっている。その結果、「建売住宅」（ミニミニ開発）が横行するようになった。

ニ　これら一連の手続きに伴う負担（遺産分割協議のための調査と経費、相続税や売買に伴う所得税などの支払い、登記手続きと登録免許税の費用負担、場合によって裁判などのために司法書士や弁護士などに対する支払い）は、通常人にとっては簡単なことではない。

これらが登記を困難にしている理由であるが、実はこれ以上に登記がされない本質的な理由がある。それは、現在の民法や登記法のもとでは、相続を登記しなくても何の不利益も発生しないということである。これも、いわば土地所有権の自由(登記するもしないも自由)から派生しているのであるが、それはともかく、放置しても何らの問題も生じないのに、なぜこのような面倒で負担の多い作業をしなければならないのか。これが正直、国民の反応であろう。

民法改正はこれらの不都合な事象に対応するために「大改正」として取り組まれた。その内容を以下に記す。

1 相続財産の管理について、相続人が不在の場合の不在者財産管理人制度を設ける。財産管理人は裁判所が選任する。財産管理人は相続財産の清算を行う。これは不明土地を公的に整理する手段である。

2 相続人の間で分割協議を促進させるために、相続後一〇年を経過したのちは、特別受益・寄与分(相続人から生前に利益を受けた分あるいは介護などに尽力した場合の報酬)の主張は失効する。相続に伴う相続人間の争点をなくすという趣旨である。

3 相続人の間で、分割協議にあたって、不明者あるいは非協力者がいる場合、裁判所の関与のうえで共有関係の解消策として、共有物を解消するために土地の分割ではなく価格で賠償ができるようにする。

相続後一〇年を経た場合、共有物の分割を可能にする。不明者に対して時価相当額を供託し、持ち分権の取得などの処置をとることができるようにする。

4　所有者不明の土地が、誰も管理しないような状態になった場合に、利害関係人の請求により裁判所は土地管理人を選任し、管理人は管理処分権を有することにする。

これらの対応はこのままでは放置されてしまう土地について管理を行う、というものであり、それ自体妥当で適切な対応である。問題はここでも「実効性」、すなわち、誰が、また誰の負担でこのような手続きを行うか、ということである。

改正法では、当事者間で協議・解決できない場合は、最終的には「裁判所」が解決を担当することになるが、日本では「裁判所」は「裁判沙汰」という言葉に示されるようにとても敷居が高い。また裁判所によって紛争を解決し、土地を売却するなどのため「管理人」の活用が期待されているが、管理人は専門的な知識を有し、また、様々な仕事が必要となり、そのための経費も多額になる。この費用を誰が負担するのか。土地を売却して、ある程度の費用を賄うことができる都市部では対応可能かもしれないが、地方都市その他では、そもそも売却などが不可能なため放置されているので、この費用の確保もほとんど不可能というのが現実である。せっかくの裁判所の活用アイデアも、掛け声だけに終わる心配がある。

相隣関係について

土地所有権は、不明土地のような所有権の帰属に関わる問題のほかに、土地が連続していることによって発生する問題がある。すなわち隣近所との間でその境界が明確であること、さらには隣地所有者との関係が良好であることが必要となる。実際、これらはしばしば「紛争」の種となってきたので、そこで今回の民法改正で改めて「隣地使用権」に関わって、

境界またはその付近における障壁、建物その他の工作物の築造、収去、または修繕

境界線の調査または境界に関する測量

枝の切り取り

などについて、特に隣地を使用する必要があるときには「使用の日時などを通知したうえで同意を得ること」、同意が得られない場合には「場所及び方法などは最も損害の少ない方法で行うこと」を定めた。

また、水道、下水道など「ライフライン」の継続的給付を受けるため必要な範囲内で隣地の土地に設備を設置できるようにした。

これらはいずれも広義の「管理」に含まれる。

不動産登記法（一八九九年。二〇〇四年全面改正、二〇二一年一部改正）

民法は誰が所有権を持っているかを定める法律であるが、不動産登記法は所有権者を対外的にも明らかにするものである。二〇二一年の改正は、これまで登記するのもしないのも所有者

の判断にゆだねられていたものを必ず登記しなければならないという「義務」として強制する、真の所有者と登記名義を一致させる、という目的を持っている。

これは口で言うのは簡単だが、実際は容易ではない。例えばドイツのように「所有権には義務が伴う」(第3章で詳述)と憲法で定めているような国では、所有権の公示は義務の一つとしていかにも明白である(したがって不明土地は発生しにくい)が、明治以来、一三〇年も「自由」とされてきた日本ではその改革は容易ではない。今回の改正の核心は「相続が発生したら三年以内にその旨登記しなければならず、それを怠ったときは一〇万円以下の過料」に処するという点にあり、改正の目玉商品となった。

しかしこの義務にも実現するには大きな困難がある。

原則は、まず相続人全員で登記する、というものである。しかし相続人が多くいる場合、特に不動産の場合は、全員の合意を得ることが大変になる。そこで、遺産分割協議により、全員ではなく特定の人に相続させるという方法が考えられるが、相続人の間の利害関係や、すぐには相談できない海外居住者さらには認知症など自分で決定できない人がいるような状況を考えると、三年以内という短期間で登記するのはかなり難しいことがわかる。

そこで、一般的に登記を義務づけると同時に、以下のように決められた。

1　合意がまとまらない場合、取りあえず、代表的な相続人が単独で登記するという便法

（相続人申告登記）。

2　三年以内に登記できない場合、相当な理由（海外居住、病気療養、住所不明など）があると認められる時は延期する処置。

3　さらに管理を徹底するために、所有者だけでなくその住所も確定しておく必要があるとして、住所を変更するときは「二年以内に変更登記を行わなければならず、これを怠った場合には、五万円以下の過料」に処せられる。

4　登記によって所有者の氏名・住所を明確にすることで、いわゆるドメスティック・バイオレンスなどの被害が予想される場合には「住所に代わる連絡先」を登記するという方法がとられる。

5　登記名義人が死亡した場合、登記官が職権で表示する。

そしてここでも「実効性」が大きな問題となる。

ほとんどの国民にとって、売買や相続などにより不動産登記を行うというのは一生に一度くらいの大きな出来事である。言い換えれば登記の意味、必要性、さらにはそれを怠った場合の過料などの制裁があるなどということは、ほとんど知る術もないのである。

さらに、相続などを契機として登記義務の実行を促進していくのであれば、相続が一般的には二〇年ないし三〇、四〇年というようなタイムスパンで発生することを考えると、すべての土地について登記が完備するまでには今後何十年もかかることを覚悟しなければならない。

いずれにしても、この登記義務を徹底させるためには「様々な方法で広報・周知」しなければならない。これが成功するかどうかが「実効性」に関わってくる。

最後に、登記についての技術的な面について触れておきたい。登記に当たっては、

戸籍謄本

住民票

固定資産税評価証明書

長期相続登記等未了土地通知

表題部所有者不明土地

登記所備え付けの公図（明治時代の地籍調査が元となっていて精度が低い。二〇一八年現在五二％が修正されているが、完了するには今後数十年かかると言われている）

が必要となる。これらについては、それぞれの正確性の確認とそのデジタル化が欠かせない。しかし現時点では、それぞれが不完全であり、またデジタルによる情報の一元的管理も、縦割り行政、国と自治体の調整、あるいはプライバシーの保護などの観点から様々な困難がある。

ちなみに言えば、二〇二一年に発足した「デジタル庁」にとって、この不動産情報の一元化と管理は、デジタル化の「試金石」とみなされていることも付け加えておきたい。

土地所有権の国庫帰属制度（相続等により取得した土地所有権の国庫帰属に関する法律、二〇二一年）

所有権は法的に放棄することが可能か。不明土地の増大や、管理の負担などを見ると、ただ物理的に放置する（固定資産税の支払いあるいは管理責任は免れない）だけでなく、土地に関する一切の負担を免れるために、法的に所有権を放棄することは可能か、という論が急浮上してきた。言い換えれば、土地所有権は最終的には国あるいは自治体に帰属させることは可能かという問いであり、この法律はこの問いに対する回答である。

結論から言えば、それは可能であるというのが答えであるが、実は厳格な要件が付けられている。つまり一定の要件を満たす土地だけについて国庫に帰属させることができる(3)というのである。その要件とは、

境界が確定
担保物権なし
他人による使用が予定されていない
建物がない
工作物、樹木、地下埋設物がない
土壌汚染がない

管理に費用や労力が不要

管理に要する一〇年分の費用を元所有者が負担するというものであり、これをクリアした土地についてだけ国庫帰属(国有)を認めるというのである。これは一方で土地所有権者の安易な放棄(不要になったものは全部、国に任せればよいというモラルハザード)を許さないという一面と、国有地となった土地を国が責任をもって管理(これらの土地の多くは、市場では処分可能性がなく、また当面公共用地として活用する計画も存在していない。そのため相当長期間にわたって空き地となると予想される)するためには、実際、草刈りなどを含めて相当な費用が必要となるという観点から設けられた。しかし、このような厳格な条件が付されると、土地の所有者は、建物や工作物、樹木などを撤去(およそ二〇〇万円もかかると言われている)、境界なども確定したうえで、さらに一〇年分の管理費用(原野だと二〇万、市街地だと八〇万円ほどと言われている)を払わなければならないことになる。これでは国庫帰属を望む人はほとんどいないだろう。

なお国庫帰属については、このような申し出によるもの以外に、民法でも似たような制度として「相続放棄」制度が定められている。これによれば、相続人が全員相続放棄をすれば所有者は存在しないことになる。この場合、帰属法のような要件の充足という縛りはなく、現状のまま自動的に国庫に帰属することになっている。なお細かく言えば、相続放棄制度と帰属制度には、前者は土地を含むすべての財産が国に帰属するのに対し、後者では土地だけが帰属するという差異がある。

これを判断する際、重要なのは、実はこれまでずっと見てきたように、所有者にとっては放置していても何も問題がないのに、手間や費用をかけてなぜ国に無償譲渡しなければいけないのか、その必然性がほとんど見えてこないことである。仮にその必然性があったとしたら、費用のかかる帰属制度ではなく、相続放棄が選択されるであろう。

なお、土地関連法として、都市に関する「地域再生法の一部を改正する法律」(二〇一九年)と「都市再生特別措置法等の一部を改正する法律」(二〇二〇年)が、また農業や森林に関する「農業経営基盤強化促進法等の一部を改正する法律」と「森林経営管理法」がある(二〇一八年)。前者については第4章の「田園都市論」で、後者二つについては「現代総有」と関係が深いので第5章で見ることにしたい。

重要施設周辺及び国境離島等における土地等の利用状況の調査及び利用の規制等に関する法律

(二〇二一年)

最後に、今回の新土地基本法に直接関連する法律として制定されたものではないが、大きな意味で土地の管理に関わって制定された法律について紹介しておきたい。読者は、日本の土地所有権には国の「安全保障」に関わる複雑な問題が絡んでいることも知るであろう。

この法律は、外国人や外国法人による「重要施設周辺」の土地の買い占めを防ぐという「国家の安全保障」の観点から、その取引や利用を規制しようというものである。

「重要施設」とは「防衛施設、原子力施設など国家安全保障上重要な施設の敷地および周辺区域」であり、離島とは「国境離島の区域」である。これらは国家の安全保障上、国家が土地の取引や利用について規制を行い、違反者に対しては罰則を科す。区域は二種類に分かれる。

注視区域（安全保障上重要施設などが阻害されないよう防止する必要がある区域）

1　土地利用状況の調査

2　機能を阻害するなどのおそれがあると認めるときは、中止その他必要な措置をとるべき旨を勧告することができる

3　中止などの勧告により損害が発生した場合の損失補償

4　土地の買入れ申出があった場合の買入れ

5　罰則　二年以下の懲役もしくは二〇〇万円以下の罰金

特別注視区域（特定重要施設がある場合は注視区域を特別注視区域として指定）

1　事前届け出

2　罰則

届け出をしないで売買契約を締結した場合

届出をしない場合

虚偽の届出をした場合

六月以下の懲役または一〇〇万円以下の罰金

この法律については、マスコミや学会や弁護士会などから「反対」の声明が出された。

①立法事実の欠如

朝日新聞(二〇二一年六月一六日)によれば「防衛施設の周辺の土地を外国人や外国法人が買い占めることへの懸念に端を発する」としたうえで「防衛省は八年かけて調査。自衛隊基地、駐屯地などの約六三〇施設と、米軍基地や通信所約二〇施設の双方の隣接地約六万筆が対象。所有者は七万八九二〇人。そのうち所有者の名前が類推される土地はたった七筆」しかないという。法律を制改定する場合、なぜそれが必要かその理由となる事実を「立法事実」というが、該当する土地がたった七筆しか認められないとすれば、そもそもこのような法律が必要かどうか疑われるといってよい。

②あいまいな構成要件

先に見たように、この法律違反には重大な罰則が科せられる。したがって罰則を科す場合には、その要件(構成要件という)は明確でなければならない。立法事実が明確でなく、さらにその構成要件もあいまいだとしたら？　日弁連会長の「反対する声明」(二〇二一年六月二日)を挙げておきたい。

声明は、まず、閣議決定した基本方針によれば「重要施設の敷地の周囲おおむね一〇〇〇メートルや国境離島等の区域内を「注視区域」や「特別注視区域」とすることができ、そこでは土地及び建物の利用に関し、調査や規制をすることができる」となっていることを指摘したうえで、

- 重要施設の中に自衛隊などの施設以外に「生活関連施設」が含まれているが、これがいかなるものかわからない。
- 政府は、注視区域内の土地利用者の「思想、良心や表現行為に関わる情報」を含めて、広汎な個人情報を取得することができ、これは思想・良心の自由、表現の自由、プライバシー権を侵害する危険性がある。
- 罰則の威嚇のもとに、報告や資料提出義務を課すことは許されない。
- 内閣総理大臣は重要施設などの「機能を阻害する行為」に対して、刑罰の威嚇のもと、勧告や命令で土地利用を制限することができるとしているが、「機能を阻害する」とはいかなるものか不明であり、財産権を侵害する危険性がある。
- 売買契約に事前の届け出を強制するのは過度の規制である。

などと問題点が列挙されている。

そして東京新聞(二〇二一年六月一〇日)は、「防衛機能の内容が抽象的。阻害には市民活動の監視なども含まれる」と警告した。沖縄・やんばるの森は二〇二一年七月に世界自然遺産として登録されたが、この登録にあたって米軍の北部訓練場の一部四〇〇〇ヘクタールの返還された土地が含まれていた。しかし「米軍には日米地位協定で現状回復の義務がないため、一九六〇年代のベトナム戦争当時訓練で使われた弾薬、手投げ弾、放射性物質を含む電子部品などが放置されたままである」。チョウ類研究家の宮城秋乃はこれに抗議して米軍基地前に廃棄物を並べたことが「威力業務妨害」として六月四日に沖縄県警の捜査を受けたが、「実はこの捜査はこの法案の先取りではないか」というのである。

その他にも新聞各紙は社説などを含めその危険性を指摘し、地方議員なども次々と反対表明するようになった。これを受けて衆・参両院でも激しい論争となったが、政府与党が強行採決する形で可決制定された。

附帯決議が示した懸念と期待

先に旧土地基本法について衆・参両院の「附帯決議」をあげ、旧土地基本法制定に関わる行政や国会あるいは国民の取るべき姿勢や方向性を示したが、今回もこれら関連法に関わる附帯決議を挙げておきたい。今回の新土地基本法でも前回に劣らずたくさんの事項が決議されているが、それ自体、関連法が成熟し完結したものではなく、今後の運用についての懸念や期待が多くなっていることを示している。今回は衆議院ではなく、審議の締めくくりとしての参議院の附帯決議を取り上げた。概略、以下の内容である。

1　国庫帰属について、施行後五年後にその要件などについて再検討する。

2　相続登記などの義務に違反した場合、正当な根拠があるかどうかに関する「正当な理由」について柔軟な対応をすること。

3　外国人の相続手続きについて、戸籍、その他「身分関係の証明」について考慮すること。実際に外国人が相続人となった場合、その身分を証明する資料としてどのようなものが必要かは各国の制度や手続きが異なり、かつ複雑である。

4　遺産分割協議の促進。これは制度としては存在するが、相続人が多数になる場合スムーズには進まない。これを促進するための実際的な方策が必要である。

5　登記官は従来、登記名義人の死亡について関与しないという立場であったが、今回は死亡による相続の登記を容易にするために職権で情報収集できるようにした。しかし登記官はどのようにしたらその事実を確認することができるのか。

6　不明土地の解消のため法務局の人的体制・予算の確保。

7　財産管理制度について司法書士など専門職の活用をはかること。
8　国民に対して新制度について積極的に広報し周知徹底を図ること。
9　戸籍証明の広域交付、つまり全国どこからでも容易に入手できるようオンライン化を強化すること。
10　登記の前提となる地図の整備、境界の明確化を急ぐこと。またランドバンクの活用（これは第3章で詳述する）、管理不全土地の地方公共団体長による「管理命令」などについて検討。

これらを見ると、管理に対する当面の対応という点では、ほぼ網羅的に触れられているとみてよい。

六　土地関連法は機能するか

実効性はあるのか

土地関連法は大きく三種類に分かれる。一つは不明土地や空き家など個別問題に対応するためのものである。二つ目は、民法、不動産登記法であり、これはそれぞれ相続の簡易化と登記手続きの義務化など、いわば、管理の前提となる一般法とでもいうべきものである。そして第三は地籍調査、国庫帰属、そして基地周辺など、これまであまり議論されてこなかった「安全保障」という観点からの管理である。土地の管理の観点から、現在の日本のすべての問題点を洗い出し、現在の法理論と立法で許されるギリギリの線で、とりあえずの格好はつけた（重要施設法はまだ瑕疵が大きい）というところであろう。管理は単なる理念ではなく、これによって罰則や強制解体というような強制措置を伴った具体的な法となり強力になった。

しかし、しばしば指摘してきたように、その実効性を見るとせっかくの法整備も、岩盤のような固い「土地所有権の自由」の前に、翻弄されてしまうのではないかという心配がある。それはいくつか数字で示してきたように、不明土地、空き地・空き家あるいは不完全な登記は、今日まで実は途方もない膨大な数量になっていること、しかも、今後この傾向は減るどころか、ものすごいスピードで拡大していくことが確実だからである。

拡大を食い止め、過去の不正常な状態を改善していくためには、法律を作るだけでなく、運用に携わる膨大な人員、莫大な費用、そして複雑な諸手続きや時間が必要となる。そして何よりも関係者の自覚と熱意が不可欠となる。

縦割り行政の調整の困難さは言うまでもないが、さらに深刻な問題は国と自治体の関係である。土地の管理には誰が責任を持つのか。自治体は常日頃、財政逼迫や人員不足に悩まされていて、空き家の解体など手数や費用のかかる作業など、これ以上面倒なことは押し付けないでほしい、というのが本音であった。一方、国からすれば空き地・空き家、不明土地、あるいは未登記などの解決はすべて現地でこそリアルなのであり、地域の問題である。したがって本来これらは自治体が対処すべきものである、というような押し付け合いがある。

もう一つ、管理には本質的に即効性がない。先に見たように相続によって所有権が移転する場合には、およそ世代交代に二〇ないし三〇年ぐらいかかるので、現在の所有権登記が将来、相続人によって正確に登記されるかどうかは長い目で見なければならない。不明土地や空き家の解消などにも時間がかかる。したがってその成果を短時間で判断するのは早急すぎる、というのである。

確かにこの意見はもっともと言えよう。今後二〇ないし三〇年後の、日本人の所有権意識はどうなっているであろうか。実際、日本の人口は急激に減少している。人口が減少するということは、土地利用の需要がそれに比例して減少していく、つまり不明土地や空き家が増加していくということであり、その際「管理」という発想だけで対応できるかどうか、さらに深く検討する必要があろう。これは第5章で見ることにする。

低調だった国会論議

土地基本法の時と同じように、ここではこれら関連法、特に民法と登記法改正について国会でどのような議論が繰り広げられたか、今後、法の運用に影響を及ぼす可能性があるので、国会論議をみておきたい。

国会での論議全体についての感想を述べておくと、旧土地基本法の時は国会では野党が対抗法案を提出したり、市民の怒りも強烈なものであった。マスコミを含めて全体として議論はきわめて活発であったが、新土地基本法国会は、このような対立や市民の運動などもほとんど見られず、マスコミの報道もきわめて地味なものであった。

ついで、民法・登記法＝法務省、不明土地・空き家法＝国交省という縦割り行政が国会審議に影響しているのは大変気にかかる。第3、4章で詳しく検討するが、本来土地所有権のあり方は土地の権利と都市計画との結合によって決められるべきものである。その意味でこの結合がなくバラバラに審議される国会には重大な欠陥があり、早急に克服されるべきであろう。

また、旧土地基本法のテーマは開発の暴走による被害の拡大といった、いわば「目に見えるテーマ」であり、政府の無策、金融機関の過剰融資、事業者のあくなき欲望と現場での無軌道な暴力行為など、いわば世論へのアピール性も高いものであった。しかし今回のテーマは、言ってみれば政府の無策をたたき悪徳企業を征伐するというようなものではなく、国民自身の無自覚を含んだ、重要だが地味なテーマであり、管理に象徴されるその対策も、きわめて「専門的」なものである。

このような状況を反映してか、国会論議も政治家・大臣と議員との間での政策的な応酬というよりは、政策担当者(法務省および国土交通省の官僚。参考人を含む)に対する野党の質疑という形が目立った。与野党双方にとって、時間的な制約の中で、専門的な用語やその論理について理解し、対案を打ち出すというよりは、法案の正当性や妥当性、あるいは必要性を確かめるのに精一杯であるように見えた。そのためもあってか、法律の実効性の観点から、不明土地、空き家、登記などについて、今後五年あるいは一〇年後までに量的に何%(何件)解決するというような定量的な目標を立てて実効性を担保する議論がほとんど行われなかったことは残念であった。ダメ押し的に言えば、今回の改正は担当者にとっても、法律の実効性は出たとこ勝負、やってみないとわからないというのが正直なところだったのではないか。

なかでは寺田学議員(秋田県出身)が自分の故郷の実情を踏まえて、「都会に出てきた人はみな忙しい。故郷に帰って、古い土地建物を維持管理などする気もなく、時間も、費用も、愛着もない。放置しても何の問題もない」と述べていたのは、率直に国民の現実を表すものとして、妙に説得力を持っていた。

もっとも、この実効性にも関わる国民の理解について、参考人として登壇した登記などの実務に関わる専門家(日本司法書士会連合会二万三五〇〇人、日本土地家屋調査士連合会一万六二〇〇人)から「強力な運動」が確約されたのは心強く、期待が持てるものであった。

そのほかにも土地に関わる専門家は多い。弁護士、不動産業、金融業、税の担当者、さらにはのちに見る「まちづくり」の関係で建築や都市計画の専門家などがこの問題にどう取り組むかによって、その実効性も相当変わってくる、と思われるのである。

マンションはどうなる

最後に、深刻かつ重要な大問題であり、早急に対策を講じなければならないと誰もが認識しながら、今回の新土地基本法および土地関連法をめぐる議論でも、法案提出はもちろん議論すらほとんど行われず、先送りされた「マンション」についてコメントしておきたい。

マンションに関する法律に「建物の区分所有等に関する法律」(一九六二年)がある。

マンションには、個人が所有する居室の区分所有部分と玄関、階段、エレベーター、電気・水道などの設備、さらに庭など全員が共同で利用する共有部分とがある。なお敷地は全員の共有であり、持ち分は各自の購入面積の割合によって決められる。この区分所有と共有部分とが同一の建物内部に共存しているという点がマンション問題をひどく困難にしているのである。

さてマンションは、日本では昭和三〇年代に出現し、二〇二〇年(令和二年)時点で約六七五万戸が建設されている。これに国勢調査による一世帯当たり平均人員二・三三をかけると約一五七三万人、国民の一割超が居住していることになる。将来も一〇万戸単位で増加していくと予測されている。

当然であるが、マンションも経年変化により年々老朽化して行く。当初は簡単な修繕から始まり、いずれ大規模修繕が繰り返され、最終的には解体と新築が必要となる。大修繕が必要となる築四〇年を基準としてみると、二〇二〇年時点で、築四〇年超のマンションは一〇三・三万戸あり(マンション総数の約一四%)、一〇年後にはこれが二三一万九〇〇〇戸、二〇年後には四〇四万六〇〇〇戸に増えていくと予想されている(国土交通省調べ)。

そこで、これに対する対応方法を見てみると、日常の維持管理からこの大修繕までを担当するのが「管理組合」であり、いよいよ解体撤去という段階になると「マンション建て替え等の円滑化に関する法律」(二〇〇二年)に基づいて「マンション建替組合」が設立され、この組合が主体となって解体・新築事業が行われることになっている。

管理組合は入居者全員で構成され、維持管理や修繕などに備える費用負担などについて自主的に運用できるなど、高度な自治が認められるようになっている(専門業者に委託する場合も多い)。また解体・新築についても、民法の一般規定では共有者全員の同意が必要となっているのに対し、例外的に五分の四以上の賛成でできることになっているほか、さらにこの建て替えをスムーズに行うことができるように「マンションの敷地売却制度、容積率の緩和の特例」など、他の共有制度にはないボーナスが用意されている。こう見ると、この二つのマンション法は、建築、管理、修繕そして解体と新築までいかにも万全の準備をしているように見える。しかし、現実を見ると実は深刻な問題があり、これはマンションが出現した当初から指摘されてきた。

それはマンション法の原点である「管理組合の自治」にも関わっている。マンション購入者にとって、マンション購入の大きな動機付けになるのは、場所、価格とともに、実はマンション内部や周辺地域の干渉から「プライバシー」を守るということである。そのためマンションの設計は、通常マンション内部で「上下左右」の人との交流を可能な限り遮断する、外部についても、地域の町内会などとの交流もほとんど行わないようになっている。町内会などとの交流ははじめからマンション設計の外に置かれているのである。

その結果、マンション居住者同士は名前も知らない他人である。そこで修繕や管理費用など居住者全員に関わる問題について「管理組合」に参加し、議論しながら解決していくという意識はきわめて弱い。ほとんどのマンションが管理組合を開いても参加せず、また内容的にも特に費用負担が絡むようなテーマになると意見はまとまらない。そのためもあってか「自治権」を保障されている管理組合がその業務を一括して管理業者に委託するなどして、「自治」どころか「他人任せ」になってしまっているところがほとんどなのである。特に最近ではこの管理業者すら「採算」が合わないとして撤退傾向が強くなっていることに注目したい。マンションは管理組合にも委託業者にも見放されていくのである。

大修繕・解体・新築についてもう少し触れておかなければならない。マンションは老朽化するにつれて、引っ越ししてしまう人と、そのまま居住を継続する人とに分かれる。居住を継続する人は、高齢であり今さら新生活を望まないこと、解体と新築について必要な資金が不足しているなどという理由で意欲的でなく消極的である。極端な場合は、老朽化のため引っ越す人が多く、エレベーターの運転をはじめ、電気・ガス・水道などライフラインについて共益費が不足してそれらが機能しない。空き家だらけのマンションの中で「孤立的な生活」を強いられている人も多くなってきている。まして、マンション建築の大きな基盤となっている「投資マンション」(自らは居住しないで、家賃の運用で利益を得る。中国など海外の投資家が多い)では、これら投資家が解体・新築に意欲を示すなどありえず、投資効率が悪化すれば、直ちに「売り逃げする」のがマンションの実態なのである。

こういう状況の中で、所有者の五分の四の賛成で解体するという合意を得て解体し、新築していくようなことは、ほぼ絶望的であると容易に想像できよう。実際、国土交通省の調べによると、二〇〇四年から二〇二〇年までに工事完了したのは二六三件、二〇二一年に実施中三〇件、実施準備中八件となっていた。つまり総数約六七五万戸、今後ほぼ一〇万戸程度で増加していく状況と比較すると、実に解体・新築の実績は雀の涙ほどの数でしかないことが一目瞭然であろう。

このままではマンションの空洞化と老朽化が進み、いずれ「廃墟」となる。

これにどう対処していくか。この問題は、今回の一連の土地関連法改革の中でも、その数や影響力の大きさなどから見て最大のテーマであった。しかし、誰も手が付けられないまま対策の提案は見送られた。五分の四の同意をとることがきわめて困難であるという以外にもいくつものハードルがある。

●マンションは登記は完全に行われ登記に欠陥はない。

●現在のところ（将来どうなるかは不明である）不明土地ではない。

●マンションの住民ほとんどがいなくなり一世帯しか残っていなくても、空き家ではないので撤去できない。

●仮に安全上の問題から撤去が不可避となっても、その費用は巨額となり、自治体は負担できない。

●また建物は撤去してもその敷地は多数人の共有となっていて、その利用もほとんど不可能である。

これらの中で、建て替えができるのは、第3章で見る政府の「都市再生事業」のような「容積率のアップ」（従来の建物より大きな建物を建てられるようにし、その割り増し分を売却するなどして建築費用を賄う)や、「税、財政そして金融」などの特別のボーナスが得られる都心の一部などにとどまるというのが客観的事実なのである。

繰り返す。マンション区分所有法とマンション建て替え法では多数共有者の土地・建物の維持管理について、先に見た民法の共有物の管理などよりもはるかに大きな「自治」と「ボーナス」が認められている。にもかかわらずそれがほとんど機能しない。この事実はマンション居住者や専門家、不動産業者などはもちろん国も自治体も、さらにはマスコミもほとんど知っているのである。しかし、解体不能な超高層マンション(これは区分所有者が数百人にものぼり、五分の四の同意など、はなから放棄されているようである)は次々に建築されている。誰が責任を持つのか。また、ではどうしたらよいのか。自治やボーナスに代わる何があるのか、その答えを見出せないというのが、今回改正に乗り出せなかった理由なのであろう。

第2章　日本史の中の土地所有権

一　土地所有権の変革と「時代の転換」

第1章では、昭和に入ってから、特に一九八〇年代後半以降のバブルとそれに対応した「旧土地基本法」、そして今日の少子高齢化のもとでの「新土地基本法」への転換についてみてきた。そこでは時代を反映して土地をめぐる様々な現象の発生と対応を見ることができたと思うが、今後の展開を考えるときに、このような比較の仕方だけでは、やや物足りないものがあるということに気づく。特に、日本の最大の問題である「人口減少」を見ると、その思いはより強くなる。その観点から言うと、根源に、そもそも第1章で問題にしてきた「土地所有権」とは何なのだろうか、という疑問がわいてこないだろうか。

土地とは人類(生物)の生存と生産の基盤であり、自然環境の一部であることも含めて、毎日の生活に深く関わっているものであることは言うまでもない。旧土地基本法から新土地基本法への転換もこの生活に即してという観点から検討したが、それは、日本の特に「戦後」、もっと言えば高度経済成長とバブル、そして少子高齢化と人口減少という、まさしくここ七〇年間くらいの「現代」を対象としたものだった。しかし、土地所有権の歴史は、言うまでもなく、人類の誕生とともにあり、長い歴史を持っている(「所有」という観念が発生するのは、もちろん、人間が集団生活を始め、集団の内部に「秩序」が必要になり、支配関係が生まれてからであろう)。

そこで本章では、日本の歴史の中で土地の所有観念(権利)はどのように扱われてきたか。簡単にデッサンしてみたい。特に強調したいのは、長い土地所有権の歴史の中で、土地所有観念の変革が明瞭になるのは、実は「天下の一大事」、すなわち「時代の変遷」と深く関わっているということである。

土地所有権と「天下の一大事」

このような見方を私に教えてくれたのは、「はじめに」に少し触れた司馬遼太郎の「遺言」を知った時からである。繰り返すと、司馬は田中角栄の「日本列島改造論」以来、勃発し始めた「地価高騰」を異常な現象と見た。それは一方で政府の土地無策に起因したこと、同時に他方でそれに乗じて(扇動されて)土地買いに狂奔させられ堕落していく日本人の姿を見たのである。そして「私は、太平洋戦争を起こし、負けて降伏したあの事態よりももっと深刻なのではないか、日本は再び敗戦を迎えたのではないか、そう考えています」と述懐するようになる。周知のように司馬は軍人として戦争を体験している。そのうえで「戦争による降伏、あの事態よりももっと深刻」と断じたのである。

第二次世界大戦と敗戦、それによって日本は史上初めて「占領」という経験をし、国土荒廃と貧困の中から必死になって立ち上がってきた。しかし、いつの間にか土地というものがそれぞれの地域の風土や歴史を背負いながら人々の生活と生産の土台となってきたことが忘れ去られ、金儲けの道具となる。札束に化けてしまった土地は、それまでの人々の生活と生産を支え「生きてきた歴史の営み」(荒れ地の開墾、災害対応、技術の発展、人々の助け合い、収穫の喜び、そして祖先への祈り、祭りを含む地域文化の構築など)をすべてかなぐり捨ててしまうような精神の退廃を生み出した。その精神は日本人全体が戦争に加担した(させられていった)第二次大戦当時の精神状態よりも、もっと劣るのではないかと弾劾したのである。

司馬の言うように「土地」(所有権)のありようは、土地売買でいくら儲かったというような話をはるかに超えている。最近の事象に即して大局的に言えば、一九世紀から二〇世紀にかけて、資本主義と社会主義という世界を二分する国家体制と関わった。これは根源的に、土地所有権を「個人のものにするか、国家のものにするか」という「体制の選択」と直結する問題であり、それをめぐって厳しい「戦争」(革命)が行われてきたことは周知のとおりである。

土地所有権を、それぞれ時代の矛盾に対する対応というだけにとどめず、体制の選択と転換という視点で見ると、実は日本の土地所有権のありようをめぐる歴史も「天下の一大事」を伴う「時代の転換」と深く関わってきたことがわかる。

土地は言うまでもなく地球の誕生とともにある存在である。しかし、それが物理的な生存の基盤としてだけでなく、人間にとって、何らかの支配と服従というような構造の原点となったのは、人間が定住する地域を持ち、集団的な生活を送るようになってからであろう。集団的な生活には、その性格、強弱、質などは別にして、ともかくもその集団としての秩序の構築(外敵からの防御、食糧の確保、自然の変化や災害に対する対応など)が必然となる。秩序を縦の関係としてみると、そこには長老、親分、首長(名称はともかく)などによる支配・統制の形があり、他方、人と人のつながりという横の関係で見ると、秩序を創るのが結婚とか家族というものであろう。ちなみに、二〇二一年、世界遺産に登録された一万五〇〇〇年前から二四〇〇〇年前の縄文遺跡、例えば紀元前三〇〇〇年頃・縄文中期の「三内丸山遺跡」(青森県)などを見ると、そこには個々の住居、人々の集まる集団的な建物、「やぐら」などの防衛施設(?)、さらには、墓地や祈りの霊場などがあって、しっかりと土地の利用形態が確保されていることがわかる。

ここでは所有権、占有権というような概念で示されるそれぞれの「権益」が認められていたのか、仮に認められていたとしてそれはどのようなものか(相続や譲渡などは認められるのか)は、いまだ判然としないが、少なくとも集団生活を営むうえで、個々人も今日でいう「縄張り」程度の一定の土地支配を認められていたのではないか。逆に言えば、このようなある種の「権益」が保障されなければ、五〇〇人の人々が一か所で一〇〇〇年も継続して居住するようなことはあり得ないであろう。

このような推測は縄文時代という、はるか数千年前のドラマをめぐる空想に過ぎないが、土地の「権益」をめぐるドラマが文献あるいは遺跡などから、かなりの確実性をもって登場するのは、その後、弥生・古墳時代を経て、日本では「大和政権=古代」からである。

本章ではこの大和政権から現在まで、日本の「土地所有権史」を司馬遼太郎にならって「天下の一大事」を軸に振り返ってみよう。歴史の中で見ると現代と未来の土地所有はどのような位置付けになるのか考えてみたいという意図であるが、あらかじめ少し説明しておこう。

「天下の一大事」として見るということの意味は、時代時代の権力(大君、天皇・貴族、武士、幕府・大名そして明治維新による近代初期のリーダー、さらに選挙によって選出される権力などについて、それら全体を通じて本書では「権力者」とか「統治者」とする)にとって、外部からの影響、あるいは内部での新興勢力の抬頭などによって、従来までの土地支配のあり方が根底から問われること、および権力者の交代と新体制の樹立によって土地権益のあり方も根本的に変わっていくという文脈で見ていこうとするものである。

ただ、権力やその交代を見る場合、権力によって支配される側(人々、民、庶民、民衆、人民、領民、農民、百姓、町民、住民、国民、市民など時代や場面によってその名称は変わる)との関係を見なければ、それはいわば「権力者の人物史」に終わる可能性がある。特に土地の歴史を見ようとする場合は、土地のあり方は権力側にとって重大事であるだけでなく、支配される側にとってもいわば「命がけ」のものであり、そこには「密接な関係」があるからである。

端的に言って、時代を問わず、権力者にとって人民とはまず徴用や賦役(最も大きくは対外的なまた国内的な戦争要員、城や道路などの建設、さらには洪水、飢饉などの災害からの復興などの公共事業の担い手)の対象であった。ついで、人民の生産する米、各種の生産品などを直接、あるいは間接に「税」などとして徴収する対象である。こういう意味で人民とは権力側にとって「宝」であり、土地支配は自己の支配力・権力を構築・強化する最大の武器なのである。この観点から言えば、権力の最高度の発動である「戦争」は、権力の源泉である土地(と人民)の奪い合いであるということができよう。土地の支配がなければ、統治権力は成り立たない。その意味で、人民と土地の保護育成は、権力者の重要課題となる。

人民側から見て、土地はもちろん生活と生産の拠点である。その際、人民にとって大きな脅威は外部からの侵入、つまり戦争による土地収奪である。もう一つの脅威は、地震、河川の氾濫、干ばつ、あるいは害虫などの被害による土地の生産力の滅失や減退である。これらの脅威は、人民一人ひとりの力あるいは小さな集団の力だけでは対処できず、集団的で強力な手助けが必要であり、手助けの頂点がまさに権力なのである。逆に権力者にとってみれば、このような非常時の援助こそ、権力の威信と力量、信頼を試される最大の機会であった。人民はこのような非常時の際の権力の活動を期待し信頼するために、徴用や賦役あるいは年貢などの負担に応じるという関係になる。

土地を媒介にした権力と人民の関係は大きく言えばこのようになるが、この関係を創設、維持するためには、土地の権益に関する戸籍(名簿)、地籍(公図)、登録(登記)、年貢(税)などを明確にするさまざまな「制度」(担当役所を含む)が必要となり、これらの整備が古代以来現代まで連綿と続けられてきているのである。

土地をめぐる権力と人民

土地に関する権力的な関係は、このような縦の関係だけでなく、土地という特殊な物の持つもう一つの特性からも根拠づけられる。

土地は他の商品(建物や動産)と異なって、動かすことができず、また連続する一体であるという特色を持つ。したがって、隣接する他の土地、大きく言えば地域、さらには国土全体に影響を与える。その際、人民が自己の土地支配を主張し、自由な活動に委ねたままでは、農村においては水の確保や害虫の発生、自然災害による飢饉、都市においては火災、疫病、外敵の侵入などに対応できず、混乱を増大させ、地域あるいは国家全体の安寧や秩序に大きな影響を与えることがある。戦国時代の城と城下町を見れば明らかなように、城は自己の領土を守る拠点であり、城下町は城を守るための武士や町民の町である。それは防御しやすいように、また武士や町民が安全で安心して暮らせるようにしなければならない。そのため、権力は、交通や河川の計画はもちろん、人々の住む場所、物を交換する市場、そして農業を行う地域などを権力的に決定する。このような権力の介入が最も大規模、ドラスティックに行われるのは新しい都の建設、遷都など権力の所在地の変更の場合であり、それは「天下の一大事」を万民に知らせる一大事業となってきた。

以下に見るように、日本でも土地所有権のありようは歴史的に様々であったが、抽象的かつ原則的に言えば、それは権力と人民の関係、支配と協調をめぐるドラマなのである。人民は権力者が土地についてどのような安心感や満足感を与えるかによって権力に忠誠を誓い、それが裏切られる場合は「処刑」を覚悟で一揆(反乱)を企ててきた。逆から言えば、権力者は権力を維持するために、人民を安心させるように時代に応じた土地政策を採用してきたのである。

そのうえで、あらかじめ結論的なことを言えば、今回の新旧土地基本法の制定も、ある意味で、このような権力と人民の支配と協調の相克の間に生まれたドラマであるが、それがどの程度のドラマ、つまり権力と人民の関係のちょっとした微調整なのか、あるいは「天下の一大事」に結び付く序章となっていくのか、それはこの日本史の中の土地所有権を見ることによって明確になっていくということである。

なお、このような歴史的デッサンを行うにあたって若干釈明しておきたい。それは歴史をめぐっての解釈は人それぞれで、例えば日本史上超有名な「聖徳太子」は果たして実在の人物か、またその業績といわれる「十七条の憲法」(ちなみにこの憲法は「和を以て貴しとなす」で知られていて、国家と人民の関係が詳細に語られている)は真実聖徳太子の創作か？　まさに日本史の重要な事象について争いがあることは周知のとおりである。土地所有権の分野でも、従来の規範的・公式的な見解に対して、近時、歴史的な遺跡の発掘、新資料の発見、文献の読み方の修正などが相次いで、異論や反論が続出するようになっている。しかもその内実はかなり複雑かつ流動的である。このような状況も踏まえると、本書でそこに深入りすることは適切でない。そのため本書のデッサンはほぼ教科書に見られるような通説的な見解によった。

もう一つ、このようなデッサンを行うにあたって困難なことがある。それは土地に関する支配と服従を示す名称が複雑であることと、それぞれの時代で採用された呼称が果たして現時点で法的にも確定的に用いられている所持、所有、占有、賃貸借、使用貸借(それぞれについて権利なのか状態なのか)、あるいは現在の個人所有、共有、総有などの土地所有形態を表す概念がそれぞれの時代の位置付けを正確に表現するものなのかどうか、大いに問題がある(というよりかなり異なっている)ことである。しかし、それらについても深入りすると複雑になるので、現代的意味での所有権とその形態を念頭に、適宜、時代的な修正を加えて考察することにした。(1)

二　土地所有権の歴史——古代から江戸時代まで

古代日本・大化の改新

日本で土地所有権のあり方が「公的な形」で示されたのは、周知のように、古代国家で誕生した大和政権の六四五年の乙巳の変から始まった。新政権の方針として発布した「改新の詔」の第一条に「公地公民」を打ち上げた。当時、土地は蘇我一族を最強とする各豪族によって「私地私民」とされ、土地と住民は豪族によって個別に支配されていた。改新はこのような状態を「廃止」し、改めてすべてを「天皇」の所有(公地)とし、これを国民(農民、奴婢も対象)に開放(班田収授法。現在の無料借地権に近い?)したのである。大和政権は、従来の豪族の長である「大君」から、その名称を唯一の支配者である「天皇」に変更し、かつ天皇を頂点とした史上初めての中央集権体制を確立(律令体制)した権力として知られている。天皇はその権力を創り維持し、人民を統治する方法として、農民に土地を与え、そこでの収穫物を自己のものとして認めると同時に、その見返りとして、「租庸調」という税と、軍事や都市建設のための道路や運河などのいわゆる公共事業への賦役を求めた。ただし当時、農民への土地貸与は一代限りのものであり、きわめて限定的なものであった。

ついで、現在の土地制度の原型とでもいうべき諸制度を作った点に着目しておきたい。農民に与えた土地を管理するための「戸籍」はその代表的なものである。土地と人民支配はこのように農民の「名前と土地」を確定することによって初めて可能となる。第1章で見たように、土地と所有者、つまり戸籍と登記の連動による所有者の証明は支配にとって必要不可欠な装置であり、また農民から見ても権力から確実に所有が認められるものとしてきわめて重要な証明書であった。現在から千数百年前にこのようなシステムが制度化されていたということは、当時の統治の能力を表すものとしてとても貴重なものである。

ではなぜこの頃、天皇(権力)という権力制度が生まれ、このような支配構造が確立されたのか。その大きな原因の一つとして、当時の朝鮮半島の激動が影響していた。大和政権には、中国に「唐」が誕生したことで、新羅との連合軍が日本と同盟を結んでいた百済を攻撃し、やがて日本にも襲いかかってくるという危機感があり、国内の力をまとめる必要があった。このような外部的な状況の変化は、まさしく「天下の一大事」であり、国全体がまとまり一致して対応しなければならない。これが天皇＝中央政権＝律令制＝公地公民という、大胆な土地政策を生み出したとみてよいのではないか。国と人民が一つになって敵と戦うための船や武器、兵士そして食糧などを準備するためには、天皇という強大な権力と人民の確保は不可欠だったのである。これは後に見るように、明治維新とその土地改革と似たような状況とみたい。

平安時代

天皇制権力のもとでの土地支配は、奈良時代から平安時代まで続く。この時代、土地をめぐる局面は大きく二つに分けられる。

一つは「都市」の誕生に伴う、所有の多様化の問題である。歴代天皇は、自己の権力を強化し、かつ対外的にもその力を誇示するために、「藤原京」を建設し、いわば日本初の「首都」、つまり権力の存在と威容を示す「都」を創るようになった。都すなわち都市の建設は藤原京から平城京、平城京から平安京へと連綿として続けられた。この都市の建設ではもちろん天皇の政務のための大極殿や朝堂院、貴族たちの大邸宅が建設されたことは周知のとおりであるが、人民の土地に対する関係にも大きな変化が生まれた。すなわち一つは都市の中に居住する「都市住民」であり、もう一つは都市外に居住する農民である。都市には建築や土木の職人やその他多くの労働者、市場でものを商う商業者、そして飲食業者といった都市型の新しい職能を身につけた人民が多く居住するようになったのである。農民は都市外で農業を営み、これら都市住民の食糧を支えた。

土地支配をみると、都市の外では従来と同じように農地と農業が継続されたが、都市内部では、新たな都市進出者に対する都市の土地の使用権、ただし現在でいう所有権ではなく、そこで生活や仕事をしてよいという程度の土地の占有(権)と建築が認められたのではないか。またこの頃から、これも都市化現象と深い関わりを持つものとして、それまでの住宅や農地という固定的な土地利用から、「縄張り、売り場、旦那場」など、仕事上の人的なつながりによる流動的であいまいな土地支配が生まれ始めたこと、さらに被差別民などが集められた地域が誕生し始めたことも注目しておいてよいだろう。

もう一つ、この頃「一代限り」というような一時的で不安定な土地利用が永代的な土地利用に改められたことにも注目しておこう。その大きな原因として、都市の時代の到来とともにやってきた「飢饉」や「災害」などによって、天皇や貴族という権力者側が深刻な財源不足に陥ったことが指摘されている。財源不足を解消するため、従来の農地からの収益だけでなく、新たに生産を拡大するために「開墾」を奨励せざるを得なくなった。そのためには農民に開拓意欲を持たせるため、一代限りというような一時的な占有権ではなく、継続的な私有制(墾田永年私財法。現在でいう所有権に近い?)を認めざるを得なくなったのである。

この農民に対する土地の永代利用の保障は、逆に天皇権力の弱体化を示すとみてもよい。天皇権力の弱体化は、貴族の力を増大させ、また「仏教」や「神道」などが住民に対して影響力を持つようになり次第に権力化していく。そのなかで土地も「荘園制」という貴族、宗教などの新しい権力による分権的な支配に移行していくのである。

古代、土地は言ってみれば天皇の一元的支配のもとにあり、自治は認められない。しかし荘園制は天皇以外の新しい権力者による、生産と収穫、納税、販売などの限定的な自由を認めるものである。古代からの「公地公民の原則」が侵食され、新興権力の私的所有をいわば容認するようになったといってもよいだろう。そして私的所有の承認はまわりまわって、ついには天皇の権力の弱体化=律令体制の崩壊と結びついていくのである。荘園制のほか、土地などを管理するために天皇から地方に派遣された国司が、行政や課税を担当するうちに次第に地域の豪族などと結びついて、地域的な権力が確立されていく。これが次の時代の「武士の誕生」と「武家政権の確立」に接続していった。

鎌倉時代

平安時代後期、天皇と貴族を中心とした権力構造は弱体化し、武士の抬頭と、武士権力への転換が始まった。この幕開けの舞台となったのがいうまでもなく「源平の戦い」である。

この平氏と源氏の武力による覇権争いの背景に、土地所有権のあり方についての根本的な対立があったことはもっと重視されてよい。すなわち平氏の平清盛は天皇の側近として、天皇を中心とする「中央集権体制」を維持するとともに、その障害となっている荘園を規制しようとした。これに対し、もう一方の雄である源氏の源頼朝は天皇・貴族中心の律令体制を破壊し武家政権を打ち立てようとした。そのためには天皇・貴族が有していた軍事、警察、徴税などの権力の源、すなわち土地支配をたたかなければならない。その方法として、源氏が採用した土地政策は画期的なものであった。すなわち源氏は、各地で国司や地頭が支配し始めていた土地を「本領安堵」するとしてその所有を認知するとともに、見返りとして、この安堵と引き換えに、各地の有力者（名主）などを、鎌倉幕府の「御家人」として任命し採用したとみることができるのではないか。これは、地方の武士や権力者にとって、自分の人民と土地支配が保障されるという意味で「魅力的」な誘惑であり、その恩返しとして「いざ鎌倉」で知られるように鎌倉幕府にはせ参じるのは、土地支配のためにも必然であった。彼らはこうして幕府の戦闘員となり、かつ武家政権の樹立のための一員となっていくのである。

源平合戦に勝利した源頼朝は鎌倉に幕府を開き、その後、従来の律令制に代えて、武家政権の骨格としての「御成敗式目」が定められていく。これは以降、江戸時代まで継続された。これは天皇・貴族社会から武士の時代への転換の制度的なシンボルとしてみる必要がある。

土地のあり方をめぐる源平の争いは「天下の一大事」であり、それが天皇・貴族社会から武家社会へという体制の変革につながった。

室町時代から戦国時代へ——中世から近世への移行期

室町時代の幕開けの遠因は、周知のように「モンゴルの襲来」であり、この襲来をめぐる対応で鎌倉幕府は消耗分裂し、室町政権に移る。

室町政権の時代の土地政策の中で注目すべきは「惣村」の誕生と「土一揆」である。惣村は個々に農業を行っていた農民が次第に集まって「集落」を形成するようになったことから生まれてくる。集落は当時の荘園や、守護・地頭などの支配する地域(公領)、そして地域の有力者である名主の支配する地域の中で、農業の生産性を高めるためには個々人が独自に生産するより、地域全体で集団で取り組んだ方がよいということから始まった。しかしそれだけでなく、それと関連して生産力の向上が多方面で農民たちに実力を蓄えさせた点に着目すべきであろう。すなわち集落は、大名あるいは権力者に対する「年貢」を納めるだけの従順な組織から、年貢を含めて不条理な規制の押し付けに対しては抵抗するという実力を持ったのである。その端的な表れが「一揆」であり、農民たちが地方権力者に対してだけでなく、時には中央政権に対しても徳政(借金の棒引き、売却地の買戻し)などを要求するようになった。

一揆はまかり間違うと、そのリーダーを含めて組織ごと弾圧される可能性がある。そのため農民たちは周到な「談合」(相談)のもと、あらゆる場合に備えて準備をしなければならなかった。この談合の中から、一揆のための準備だけでなく集落全体を自分たちで統治する「自治」が生まれた。この自治を持つ集落が「惣村」である。

そして、鎌倉政権を引き継いだ室町政権の支配から武力をもって脱皮しようとした「大名」たちが、この惣村を基礎単位とする「領土」の確保、つまり自らが支配できる生産と財政、そして戦闘員を確保するための「奪い合い」をする時代に入る。戦国時代とは、このような領土獲得のための血で血を洗う戦争を繰り返しながら天下取り(全国統一)が行われた時代である。

この時代の、土地のコントロール方法を見ると次のようになる。

戦国時代の雄、織田信長は、各地の戦国大名と戦争を行い、大名の支配する領地を奪い、これを家臣に配分していった。これはある一面では権力による土地の統一的支配という面を持つとともに、自己に忠誠を誓う武将に対し、その土地の支配を認める(ただし永久的なものではなく、権力者によっていつでも排除や交代を命令される不安定な支配である)という恩典を与え、安心感を持たせた。いわば地方分権的なものであり、この構造は後の江戸時代の「藩」というシステムに継承されていく。なおこの時代の画期的な事件として、信長が目の敵にし焼き打ちをした比叡山などは、信長の指示に従わないだけでなく、当時寺社が荘園の歴史を引き継いで広大な土地を支配し強大な権力を有していたという一面もあることを指摘しておきたい。

惣村について一言付け加えると、惣村は戦国時代を経て、江戸時代に入り、幕府、そして藩の基礎単位として日本社会の性格を規定する。特に江戸時代には統治の形態として藩の形成と石高制の採用が挙げられるが、これは基本的にこの惣村の生産力と自治を前提にするものであり、ようやく日本にも自治と所有の関係が生まれるようになったということである。

江戸時代

徳川家康が豊臣家との決戦に勝利した後、日本では基本的に領地の拡大を目指す城(領土)取り合戦は終焉し、改めて全国を統治する制度設計が必要となった。政治的には中央集権体制のシンボルとしての「幕府」(将軍)を構築し、その下に「藩」を置くなど様々な政策が実施されたが、土地について言えば、基本的には「石高制」が採用されたことが大きい。これは、徳川政権が各地の大名を幕府の傘下に組み入れると同時に、各大名を幕府に対する貢献度などによって「石高」(コメの収穫量にもとづいた基準によってその財政を保障し、代わりに大名に対しては当初は軍事参加と江戸城の建設などの事業を負担させる)を与え、それによって、各大名に「身分的・階級的」な格差を設け、統治体制を強化していくという方法であった。この石高制のもとでの江戸時代の土地所有の特徴を挙げると次のようになる。

幕府は全国土（沖縄、北海道などは不完全）を統括する。幕府はその権力を、参勤交代（大名の正妻と子どもはいわば人質として江戸に残され、大名は二年ごとに藩と江戸を行き来する）、改易・減封（謀反や不祥事を起こした場合に、領地を取り上げ、削減する）など、絶対的な権力に基づく「封建的な制度」の設計・創設によって維持した。さらに、幕府は自ら支配する広大な直轄地を保有（全国総石高約三〇〇〇万石のうち八分の一）し、その他の土地を「石高」を基本に大名（諸藩）・旗本、寺社などに分割、配分した。領地を得た諸藩は、さらにこれを再分割して、家臣にその土地を配分した。家臣はその地域の領民（農民）を統率し、年貢（コメについて藩が五〇%、農民が五〇%所有するというように決定される）を徴収し、その一部を藩に上納した。江戸時代は基本的には、この石高制、つまり農業によるコメの生産を基礎とする封建・農業社会であるが、「城下町」で知られるように、全国に藩ごとに城と城下町が造られて、都市化の時代が始まった時代でもある。

城下町の特徴は、その地域を都市と農村に厳密に区分したという点にある。それは大きくは「兵農分離」という職業の固定であると同時に、都市住民と農村住民を分離することによって、それぞれの藩ごとに独特な土地制度と文化を発達させていくことに寄与している。

農村の土地利用

まず農村から見てみよう。先に見たように江戸時代の農村は、戦国時代に生まれ、その激動を耐えた「惣村」を引き継いだ。惣村では長老の指導のもと、若衆が自治の担い手となって活躍していく。惣村の自治が成熟するにつれて、集落全体は一つの「家族」のような緊密な関係を持つ「共同体」的な性格を持つようになる。これを統治システムで見ると、家臣はこの惣村を基礎として地域の政治・行政を実施し、藩主はこれら複数の家臣を束ねる。さらに幕府は二七〇とも言われる藩の頂点に立って全国を統治する。このようないわばピラミッド型の統治組織の基底に惣村があるという構造として理解することができるだろう。

では、惣村における自治とはどのようなものか。まず目につくのは、惣村では農民一人ひとりに耕作権の平等性を保障するために、一定の年限を区切って、耕作地(生産に適する土地と不適格な土地がある)を順番に入れ替えていくという「割地」が行われたことである。この割地制度は、後に詳しく検討される「近代的土地所有権」の「個別土地の絶対性」とは異なる、いわば「総有的な土地利用」方法としてきわめて注目すべきものである。

このような土地の共同利用、言ってみれば「総有的利用」の結果、年貢も個人個人で負担するのではなく村全体で負担する「村請制」となった。また所有権の移転という点では、惣村では村を守るために農地の売買は禁止されたが、個々人の経済事情によって「質入れ」は可能であった。惣村の共同体的面目を示すのが、この質入れの際、村役人が連帯保証人として債務返済を担保したということである。かつての人々が集まっただけの農村集落は、今や自治を持つ家族共同体のようなものに発展した。明治維新による土地改革は、ある意味で、個人に対して絶対的利用権を認める「近代的土地所有権」の確立と、藩や家臣そして集落長による身分的な支配という封建的要素も否定できないがそれでも成長し始めた自治や総有的利用との間の戦いという一面も持つのである。なお、この戦いは明治維新時、「割地」の扱い(所有者は誰か?)という形で大騒動となった。

都市の土地利用

一方、都市の方はどうであったか。徳川幕府は現在の皇居に江戸城を構え、これを拠点に防衛という観点もあって、江戸城の周辺を取り巻くように、各大名を血縁の近さや石高に応じて配置していった。土地所有という観点から言うと、江戸はその全部を幕府が所有し、その一部を各大名に配分(現在の所有権に近いものでもあるが、幕府の意向に逆らえないという意味では絶対的なものではなく占有に近いものかもしれない)したのである。江戸幕府はきわめて強い中央集権的な政権であり、その体制は、先に見たように「参勤交代」という制度などによって担保された。この参勤交代はきわめて強い封建的なものであったが、二年ごとの交代は、江戸と各藩の経済や文化の交流を進め、各地の地域振興にも役立ったといわれている。参勤交代制により、各藩は自らの藩を維持するだけでなく、江戸屋敷(大大名になると上、中、下の三屋敷)も構えなければならず、その維持管理に人的にも財政的にも莫大な支出を余儀なくされたという。幕府に対する反乱はこうして封じ込められた。なお、大名屋敷や旗本など武士の館は江戸の土地全体の六九％を占め、人口も武士と関係者で約一〇〇万のうち五〇万人と全人口の半分を占めたという。江戸とはまさしく武家の都市であったと言わなければならない。

では、残り五〇万人の町民はどのような暮らしをしていたのであろうか。まず土地についてみると、町民の住宅用地は約二〇％(ちなみに寺の用地は五％、神社も五％といわれていて、この部分だけを強調すれば江戸は宗教都市でもあった)に過ぎない。そのためもあってか、ほとんどの町民は、周辺の豪農や商人が建築した「長屋」の居住(賃借)となった。町民の多くは様々な職人であり、長屋で仕事をする者(居住空間と仕事場が一緒)と、外に出て仕事をする者とに分かれた。

もう少し長屋について説明すると、城下町は「町域」(道路を挟んで両側がひと区画ごとに仕切られる。江戸八百八町と言われるようにたくさんの町域が造られた)に区切られ、町域ごとに「長屋」(複数のところも多い)が建設された。居住者は大工町や鍛治町などの「町名」に見られるように、同一職種の人々が集団的に居住していることが多い。

江戸の長屋で注目すべきは、農村での「惣村」と同じように長屋ごとに自治があることである。長屋は一棟の建物(通常平屋、なかには二階建てのものもある)を壁で仕切って居住するというものであるが、今日の木造アパートやマンションに見られるように、誰とも交流しない個別分断された空間ではなく、まるで長屋全体が家族のようなコミュニティを形成していた。長屋は表通り(ここは商店が多い)の裏に路地で囲まれた独立空間となっていて、外部の住人が自由に出入りできない(防犯)ように「木戸口」が設けられ「番人」が出入りを監視している。内部には庭と長屋があり、長屋は玄関を入るとすぐ出入口の土間、その脇に台所があり、部屋は二つという狭いものであった。風呂はない。庭には井戸、便所とゴミ捨て場や稲荷神社がある。

これが空間構成であるが、目を見張るのは長屋の運営である。通常長屋には所有者は住んでおらず、所有者はその管理を「家守」と呼ばれている代理人に委ねる。この家守は長屋のコミュニティの形成にとってきわめて重要な役割を果たす。家守は現在のマンション管理人のように「家賃」を集めるというだけでなく、長屋全体を仕切りその秩序を守る。これがすごい。長屋では家守のもと、子どもの誕生、縁組、祭り、そして葬祭など様々な人生のイベントを長屋全員で共有する。井戸の清掃、ゴミの処理あるいは神社の維持管理などもすべて全員で行われる。このような日常的な出来事だけでなく、長屋全体で、防犯、防災(火消し。火事の多い江戸ではこの仕事は重要である)、さらには長屋内部でのもめ事の調整、奉行所に対する陳情(代書)など、これらすべてがこの家守を中心にして動いたのである。

もう少しコミュニティの視点から長屋の外に目を向けると、路地には毎日「棒手振り」といわれる天秤を担いだ商人が来て、長屋の住民は食材から日用品までの買い物に困ることはなかった。もちろん江戸には「屋台店」がたくさんあり、江戸町民は家での食事以外にここでの食事を楽しんだ。また、先に見たように長屋には風呂がないため、江戸町じゅう至る所に「銭湯」がつくられ、「長屋」の交流を超えて、町民と武士、男と女の交流の場となったのである。

なお都市の町民には、農村・農民の年貢と異なって、一切の税負担がなかったという点も強調されるべきであろう。江戸の町民は、誕生から死亡までの一切を長屋が面倒を見てくれて、しかも税負担がない。「宵越しの金は持たない」と言われるように、歌舞伎、相撲、寄席、花見、花火などを楽しんだ。さらには江戸の職人らによる木工、漆塗、染色など様々な職人芸の発達など、江戸ルネッサンスと言われるほどの「文化の向上」を見せたのは、このような町民の生活の余裕にも関係しているといってよいだろう。(2)

もちろん、町民にまったく負担がなかったといえばそれは誇張である。町民は年貢などの負担はなかったが、「防犯」「防災」は自己責任であったし、大きく言えば、江戸城の修理や、畳などの取り替えなどの作業には国役(公務)として駆り出される。身近に言えば、先に見た便所の清掃から始まって、肥溜めの処理、道路や河川の清掃、そしてゴミ処理など、現在では「公共事業」と言われ、政府や自治体が行っているものの大半を長屋を中心とした町民が行った。ゴミやし尿をリサイクルする世界で最も進化した「循環都市・エコシティ」、さらにはその資源を外に求めない「自給自足」の社会が構築できたのは、このような長屋を中心としたコミュニティと労働力、さらにもっと大きく言えば、世界でも例を見ない二六〇年の長きにわたる

「戦争」のない世界、つまり平和がもたらしたものと言えよう。

ある意味で江戸時代の「長屋」での「賃貸」生活は、個別土地所有権にこだわらず様々な資源をみんなで活用するという、土地所有権の最も成熟した形を示しているのかもしれない。

もちろん江戸時代も、ここまで見てきたような牧歌的な側面だけでなく、そこには「えた・ひにん」と言われる差別された人々が存在した。また少し次元が異なるが、宗教家、同一職業の職人たちの独立した集団組織、越中の売薬業、立山信仰等の「縄張り」や「場」など、特定の土地の所有や占有あるいは賃貸といった近代の概念とは異なる「土地の利用」を生み出している。このような土地利用の仕方も土地所有を検討するにあたって欠かせないテーマであるが、本書では省略する。

以上が一〇〇〇年以上の長い歴史の中の権力と人民の土地をめぐる関係の概略である。そこには土地所有をめぐる様々なドラマがあり、その改革は、単に権力者の交代にとどまらない時代を画す「天下の一大事」と結びついていたことがわかるであろう。

この長い土地所有権の歴史の中で、人々、町民・農民あるいは国民という側から見ると、そこには共通するものがある。それは彼らは時々の体制の中で、いろいろなレベルで土地に対する権益を保障(勝ち取る)されてきたが、しかし、権利、すなわち誰にも侵されることのない所有権というものを獲得するには明治維新まで待たなければならなかったということである。

三　明治維新と土地所有権の近代化

土地所有権の変革は日本内部での矛盾の出現という要因のほかに、もう一つ、古代や中世で見たように外国からもたらされる危機への対応ということが大きな影響を持つ。江戸の終焉は、端的にはペリー来航と国内の内部矛盾の激化という幕府にとって想像もできなかった内外の異常事態の発生によって始まった。

幕府を倒した維新政府はこの外国からの圧迫に対抗するために、外国の知識、特に従来のような中国・韓国からの儒教などを中心とするものから、統治のあり方や産業などについて、アメリカやヨーロッパの近代の思想や技術を大至急に学ばなければならなかった。

他方で、新政府を樹立し諸外国と対等・平等な関係を構築するためには、新しい近代的な知識をもとに、国内の旧来的なシステム、特に江戸時代の封建的な制度をすべて打ち壊し、「天皇を頂点とする近代国家の形成」をする必要に迫られた。維新とはそのような大革命を言う。

言うまでもないが、このような新しい国家を作り上げるにふさわしい新しい土地制度が必要となる。維新政府にとっても、土地は権力が人民(臣民)を支配するための欠かせない資源(生産、軍事や公共事業のための徴用や賦役、そして財源としての課税)であり、臣民にとっても、維新政府はこれまでの土地の権益よりももっと大きなそれを実現してくれるものでなければならなかったのである。では改革はどのように行われたか。

この改革を見るにあたって、まずこの改革は相当に息長いもので今日でも継続しているということと、日本はこれまでにない人口減少という危機を迎え、この永く継続されてきた改革の成果が次の時代の展望を探るうえで大きな足かせになっているのではないか、という問題を提起しておきたい。

明治維新以降、日本は元号でいえば明治から現在の令和まで五代変わっている。西暦で言えば一八六八年から二〇二一年まで一五〇年あまりが経過した。この間の最も大きな危機、すなわち「天下の一大事」は、第二次世界大戦での敗北であろう。日本はこの戦争によって、三〇〇万の命を失い、空襲によって国土の大半が焼け野原とされた。そして戦後数年間アメリカによって占領されるという史上空前の敗北を喫したのである。この間、天皇を神とする欽定明治憲法は天皇を象徴とする民主憲法に、明治政権下の軍国主義は民主主義に代わり、象徴天皇制だけでなく基本的人権の尊重や三権分立の確立など立憲主義が構築された。しかし第1章で見たように土地所有権についていうと、明治維新および明治憲法と民法のもとでの「近代的土地所有権」は、およそ「革命」といわれた第二次大戦敗北と昭和憲法のもとでも、ほぼ原形を保ったまま維持されてきているのである。第1章で見た旧土地基本法は、近代的土地所有権について「開発抑制」の観点から修正を加えるものであり、今回の新土地基本法は「管理」の観点からそれにさらなる修正を加えるものであったが、その底流には依然として明治維新以来の「近代的土地所有権」が生きていて、この新旧土地基本法は、その枠の中での修正であるということを再度確認しておきたい。近代的土地所有権の確立のプロセスは次のとおりである。

天皇と土地国有化

江戸の土地制度は、幕府がすべてを所有し、これを幕府から大名・藩主へ、さらに藩主から家臣に、そして家臣から農民及び町民にまで配布するというヒエラルキーを有していた。しかし、封建制の主体である「武士」は二五〇年余にわたる平和の中で、戦闘員としての役割を終え、言ってみれば現在でいう公務員などに変質していった。農民や町民(そして商業者)なども幕府の封建的な支配に隷従するだけの存在ではなく、それぞれに自由に活躍する主体に成長し、地域の惣村だけでなく都市の長屋の中でも自治が形成され始めていた。明治維新は幕府に対する薩長同盟の反乱として開始されたが、巨視的に言えば、当時、身分制にがんじがらめに縛られていた封建社会が実は土台のところで崩れつつあったとみることもできるのではないか。維新の口火は薩長同盟によって点灯されたが、この口火は、近代に目覚めようとした農民や町民にあっという間に広がっていったのであろう。

維新政府にとって、土地改革はまず「土地はそもそも誰のものか」という問いかけから始まっている。そしてそれは日本にとって近代化とは何か、という問いと連動していた。維新政府は、さっそく主としてドイツ(学者H・ロエスレル。ゲルマン法に由来する土地所有権を主張)とフランス(学者A・モッセ。ローマ法の土地所有権を主張)などの政権の御雇外国人の意見を参考にし、欧米の現地視察なども行ったが、土地所有権のあり方は、ドイツやフランスのそれは大いに参考になるが必ずしもそれと同じではなく、日本国および国民に適合するものでなければならなかった。それは明治維新が近代国家を目指しつつ、欧米にはない神である「天皇」を日本統治の最頂点に据えたことからも知られよう。日本は、土地改革を実現するにあたって、諸外国にあまり例を見ない独特の論法を採用している。

薩摩・長州など倒幕派が体制変革のシンボルとしたのは、「錦の御旗・天皇の復権」であった。天皇は平安以降、ほとんど政治的実権をもって表に現れることはなかったが、民衆にとってそれはいつの時代にも「隠れた神」であった。維新政府は倒幕にあたってその神話を活用しながら天皇を維新のシンボルとしたが、それは政権樹立後も継続された。土地の場合、それは江戸の所有権をすべて天皇のものにするという形で援用されたのである。

ナポレオンの土地改革と近代資本主義の確立、あるいはすべての土地を国有とするロシアや中国などの社会主義の成立過程を見ると、諸外国の土地制度は、それぞれの風土や歴史などに基づく個性はあるものの、総じて暴動や内乱、あるいは革命といった、いわば血で血を洗う経験の上に築かれていったことがわかる。これに対して、まさしく日本ではおよそ「平和革命」とでも言うべき方法で実現したことに留意しておきたい。例えば農地などはほぼ江戸時代のまま、所有権を認め、都市の長屋はそのまま賃貸として継続するなど、表面的には「現状追随」のようであったが、それは現代風に理論づければ偉大なる「革命」として行われたのである。

その観念・論理とは、それまでの江戸幕府による土地と人民に関わる支配権の一切をいったん天皇に帰属させるというものである。これはある種の「国有化」といってよいだろう。

さて、この国有地を国民の手に渡すためにどうしたか。具体的な手法を見てみると次のようなプロセスをたどった。幕府を解体し幕府の直轄地をすべて取り上げる、幕府以外に土地を支配していた「藩」の解体、すなわち「廃藩置県」を断行する。これにより大名・藩主などの大地主は、土地を失い、家禄をもらうだけの身分に変更されたのである。こうして、幕府の直轄地はもちろん、藩の領地、そして農民や都市の住民たちの土地所有も、一切無権利とされ、天皇に帰属すると観念させたのである。

土地所有権の国有化は、古代、大和政権の「大化の改新」以来であり、一三〇〇年を経由して、再び、明治天皇の名によって成し遂げられたということに何か深い日本の歴史を見るのは著者だけではないだろう。

制度改革

では天皇はどのようにして国有化した土地を国民のものにしていったか。これは、今日まで連続する「土地所有権」の「権利の確認と証明方法」としてもきわめて興味深いものである。

地券制度

維新政府は、土地はいったん天皇のものとすることによりその所有権の国家所持を論理的な前提として押さえながら、新たに所有者として認める者に対して、その所有を確認した。その確認を証明するのが「地券」である。「地券」は現代風に言えばまさに「権利証」である。これは、それまでの所有とはいえ、いつ権利剝奪が行われるかもしれない「封建的土地所有」と比べて、所有者に対して、永代所有、相続、売買、流質による所有権移転を認める点で、まさしく「権利」としての「近代的所有権」の基本が制度化されたものと言えよう。裏返していえば、権力者にとっても、近代国家には近代国民が必要であり、近代国民は、ただ統治機構＝政府の命令に従うだけの従順な人ではなく、所有権、すなわち「財産」を持つ、自由な国民であることの確認とその証明の発布が必要だと判断されたのであろう。

もっとも、明治維新政府のもとでは国民は何事も天皇の命に従う「臣民」にすぎず、本来の意味での自由な国民ではない。一人ひとりが基本的人権を有し、政府の選択権を持つ主権者となるには昭和の新憲法まで待たなければならなかったということは、付け加えておきたい。

地券発行は武家屋敷から始まり（ほとんどは官庁用地となり、一部、政商、華族、高級官僚に払い下げられる）、順次、町の土地、そして農地から山林にまで拡大されていった。

地籍調査と確定

個々人に所有権を認めるためには、その場所と面積を確定しなければならない。これを確定し証明するのが「地籍」（現在は公図）である。この作業は明治政府で初めて採用されたわけではなく、豊臣秀吉の「太閤検地」以降、ずっと継続されてきた。先の地券発行は、この地籍の確定と同時並行的に進められたが、所有権の確定が市街地から農地へ、農地から山地など全国に広がり、かつ所有者の数も膨大になるにつれて、その作業はひどく困難なものとなる。また、当時の測量技術が稚拙であったこと、「境界線」を明確化するためには利害関係者の同意が必要であるがこれがスムーズに進まないこと、さらに先にみた江戸時代の「割地」のように農地が年々入れ替わって誰が所有者か特定できないことなどにより、その作業は難航を極めた（割地は最終的に個人所有となったが、現在の農地の状況、高齢による「耕作放棄地」などが増加し、隣接する農地に対して雑草の除去など様々な支障が生じている事実を見ると、割地は一定の農地を個人個人ではなく全員で共同利用する制度、すなわち総有の一種として評価すべき点も大いにあったと思われる）。その作業は近代測量技術が発達した現在でも継続されていることは、第1章の土地関連法の「国土調査法」で見た。特に、山林などは今もってその境界は定かではない、と言われている。

地租改正

維新の土地改革は、土地所有権の確定によって近代国民(臣民)を誕生させると同時に、土地を国家の財政の基盤としなければならなかった。先に見たように江戸時代、幕府や藩の財政を支えたのは、石高つまりコメの物納であった。また都市の町民は税を納めていない。しかし、維新政府は、これを一新し、土地を所有する人々に対して一律に税金(地租。現在の固定資産税)を賦課することにより、国家財政の基礎を確立しようとしたのである。コメから金への転換は、国民に対してその所有面積と価値により課税すること、コメという気候などによって収穫量が異なり、かつその価値が相場によって上下する不安定なものではなく、安定的で計算可能な財政を確立させるためには不可避なものであった。

明治憲法と明治民法

天皇による国有化のフィクションのもと、様々な制度創設の積み上げは、ほぼ二〇年たって、「近代的土地所有権」として集約され、明治憲法(一八八九年、明治二二年)と明治民法(一八九八年、明治三一年)の制定となった。もちろん、ここまですべてすっきり進んだというわけではない。集約までのドラマは壮大なものであるが、ここでは二つだけ目立った点に触れておきたい。

まず、憲法の土地所有権論争は当時の主だった政治家や学者のほとんどが参加する一大イベントであったことである。その主張は大きくドイツ法的土地所有権かフランス法的土地所有権かに分かれ、それらを日本に導入するに当たってどのように消化し発展させるか、という政治をめぐる論争の物語である。主だった論者を挙げると、津田真道、加藤弘之、木戸孝允、岩倉具視、大隈重信、伊藤博文、井上毅、などである。当時の著名な知識人や大物政治家の顔ぶれを見ただけでも、憲法ドラマの深さや広がりを想像できるだろう。その結果、江戸時代の所有権は一掃されて、一人ひとりの誰にも侵すことのできない「絶対的権利」とされたのである。

もう一つの論点は、国家と個人の関係についてである。これまで繰り返し見てきたが、土地には他に見られない特質がある。土地は連続したものであり、土地の所有や利用のあり方は個人の守備範囲を超えることがある。飢饉や地震などの災害への対応は個人の土地所有権を振りかざすだけでは対応できない。また一方の国・統治者の観点から見ても、土地は公共事業、軍事その他公の活動にとっても必要不可欠なものであり、時には個人の土地所有権に介入する必要がある。土地の所有や利用のあり方は国の形と関係し、大きく言えば国の行方を左右することがあるのである。その意味で土地所有権は、土地所有者の権利であると同時に、国も関係するという意味で本質的に「公」的なものである。この私的な絶対的所有権と国家も関与するという意味で公的なものであるという二つの要請を法的に、しかも憲法という最高規範のもとで、どう両立させるか。

この問いをめぐって、様々な論議の末、最終的に決着をつけたのが日本最初の総理大臣伊藤博文であった。それが有名な憲法の二段階規定である。すなわち、帝国憲法二七条「日本臣民は其の所有権を侵さるることなし」という規定、つまり絶対的所有権の保障を1項に、そして2項として「公益の為必要なる処分は法律の定むる所に依る」としたのである。

この二段階規定に次いで制定された民法(一八九〇年(明治二〇年)。これは旧民法といわれる。その後一八九六年(明治二九年)に改正)は、ここでいう1項の「日本臣民は其の所有権を侵さるることなし」という部分をさらに具体化し、2項の「公益」とは何かという点は、土地については徐々に都市計画法や税法など(以下公法という)によって肉付けされていく。

明治旧民法三〇条の「絶対的所有権」の規定はこうである。(3)

「所有権とは自由に物の使用、収益、および処分を為す権利を謂う。此の権利は法律又は遺言を以てするに非ざれば之を制限することを得ず」

これが明治三一年の改正により、二〇六条「所有者は法令の制限内において自由に所有物の使用、収益、処分を為す権利を有する」となり、現在の民法となった。

明治民法は、絶対的所有権の内容について「使用、収益、処分」の三つに分類し、これをすべて「自由」、つまりその土地に何を建てようと建てまいと、いくら利益を得ようと損しようと、さらに誰に売ろうと売るまいと、すべて所有者の自由であり、この自由は「権利」、すなわち誰も止めることができないとしたのである。古代から江戸時代まで、土地をめぐって権力者は、自己の権力を保持するためにも、人民・国民に対して様々な便益(占有権・使用権・利用権など)を与えてきたが、それは明治憲法・民法で見たような「絶対権」ではなかった。

この民法の近代的所有権ももちろん「天皇＝神」という大枠のもとでは所有者自体が「臣民」であり、非常時のもとでは否も応もなく無条件に従わなければならないのであるが、それでも江戸時代のそれと比べると、いかにも近代的なものになったということは否めないであろう。絶対的所有権は憲法および民法とも、議決という民主的手続き(議員の選挙では女性には選挙権が認められないなどの制約がある)のもとで可決された。また、何が公益でどのような権利制限を受けるかも、すべて議会の議決による法律によって決められるのである。古代から江戸幕府まで、土地所有権の内実はすべて権力者・統治者のもと、「国民の参加」なしに独断で決定されてきたことと比べると、これはまさに大転換といってよいだろう。

そしてもう一つ最後に、この明治憲法と民法の所有権規定は、およそ革命(国民が主権者となり、天皇は神から国民の統合たる象徴に転換された)といわれた昭和憲法の中でも、第1章で見たようにほぼ原形のまま踏襲(二九条3項に「正当の補償条項」が追加)されたことが強調されるべきであろう。近代的・絶対的土地所有権は、明治以来、昭和の敗戦によってもびくともせず、そのまま継続されたという点を強調しておきたい。なお相続に関して、明治民法では「家督相続権」により長男が相続することとされていたが、戦後改正されて現在の均分相続になり、この均分相続が今回の相続法改正の対象となっている。

第1章との関係でいえば、新旧土地基本法はこの近代的・絶対的土地所有権の許容範囲の中で、この近代的・絶対的土地所有権に対して公共の福祉の観点から「自由の行き過ぎ」を修正するものである、と理解しておこう。

四　昭和憲法と戦後の土地所有権

明治の自由な所有権は、その後いくつかの試練を受ける。大きくは初の社会主義国家であるロシアにおいて「土地所有権」の「国有化」が実施され、日本でもこれに影響を受けた「大正デモクラシー」の展開による「所有権の社会化」が主張されたことである。また個人への所有権の付与は必ずしも平等なわけではなく、農地について大地主と小作人との間に「身分差別」に近い不平等を生み出し、争いが激化した。また絶対的所有権は、土地所有者と借地人、建物所有者と借家人との間に、地代(借地料)、家賃(借家料)の値上げをめぐって紛争が続出するといった事態を生み出す。これらはいずれも土地所有者とその関係者の間では深刻かつ激しい争いではあったが、しかし国家の政策変更にはとどかず、「天下を揺るがす」ほどの大問題には至らず(権力によって抑え込まれる)、日本はそのまま第二次世界大戦に突入していく。

敗戦と戦後の土地改革

戦争による空襲と敗戦は、もちろん戦後、土地所有権に衝撃を与えた。

敗戦は実は日本にとって史上初めての経験であった。空襲によってほとんどの都市が焼き尽くされ、国民は土地や建物を失った。政府も国民も当時はまず「食べることと住むところ」の確保が第一であり、「闇市とバラック」に象徴されるように、生きていくことそれ自体が命がけであった。その後新憲法(昭和憲法)の制定によって、国民は「臣民」から、徐々に基本的人権を有し、かつ国家のありようを決定する主権者となっていく。

土地所有権の観点から戦後改革を見ていくうえで、ここでは三つの出来事を挙げておきたい。一つ目は占領軍のもとで行われた「農地改革」、二つ目は戦後復興の終焉と、人々が都市市民として「自由な所有権」を獲得・謳歌するようになる高度経済成長以降である。そして三つ目は、この自由な所有権のもとでどのような都市・国土を作るべきかを問題提起した田中角栄総理大臣による「日本列島改造論」についてである。

戦後改革の中で、いち早く大きな改革対象となったのは「農地」である。占領軍のマッカーサー元帥は、少数の大地主に農地が支配されていることが小作人(借地権者)を貧困に陥れ、かつ「封建性・軍国主義」の張本人であるとして、大地主から土地を取り上げ、小作人に所有権を与えた。これは農民に対して、名目だけでなく実質的に自らの土地で、自らの労働で、自分の収益をあげるという点で、まさしく「自由な所有権」(農地と農業という観点から「自作農主義」が採用され、土地の利用や売買には制約が加えられている)を保障された、とみることができよう。

敗戦はまさしく「天下の一大事」であり、新憲法の制定はかの天皇＝神を天皇＝象徴に変更し、国民を主権者とする「権力者」の交代を保障するものであった。先に見た日本の土地所有権史によれば、このような権力の交代とともに、「土地所有権改革」が行われてきている。確かに農地改革は、地主支配から農民を解放するという意味できわめて先駆的な取り組みであった。ちなみに、一九三八年に自作地五三・二%、小作地四六・八%であったものが、農地解放によって一九四九年には自作地八七%、小作地一三%になるという劇的なものであった。しかしそれは占領軍によって行われたということもあってか、農地の改革にとどまる。

多くの人が居住し活動するようになる都市では、戦後バラックと闇市の中から、地主を中心とした町内会、露天商や商店主、あるいは闇市を仕切る「的屋」などが入り混じりながら徐々に戦災復興に向けて立ち上がるようになり、これに応えて行政も徐々に「復興の方針」を示しながら、区画整理や道路拡張に向けて動き始めた。

しかしＧＨＱは都市についてはほとんどメスを入れていない。日本住宅公団の設立、つまり政府による公的な住宅供給が始まったのは、敗戦から一〇年たった一九五五年であった。

日本列島改造論からバブルへ

国民が自分の土地や建物のあり方に関心を示すようになったのは、最も身近に言えば「住宅ローン」制度（戦前から存在したが、個人向けで低金利の融資が普及するようになったのは一九七〇年代である）によって、誰でも家を購入することができるようになってからである。人々は高度経済成長のもと、それまでの「借家」から脱し、「夢のマイホーム」を手に入れられるようになる。また、団地やマンションの登場は、都市の「高層化」に道を開き、便利で快適な「近代生活」を具現するものとなった。人々はこぞって土地を求め始め、土地は絶対に値下がりすることのない「最強最大の資産」となっていった。

これを決定的にしたのが田中角栄の「日本列島改造論」である。田中は盟友である大平正芳とともに「日中国交回復」により戦後日本に新しい一ページを切り開いた政治家として知られているが、国土・都市論については田中が「日本列島改造論」を、大平は「田園都市論」を唱え、決定的に対立した。大平の「田園都市論」については後に第4章で取り上げるが、双方とも、全く違う方向からではあるが、この日本の強い「絶対的土地所有権」については強い違和感を持っていたことに注目したい。おそらく戦後の総理大臣の中で自らの国土・都市論を展開しながら土地所有権に言及したのはこの二人だけであろう。

田中の「日本列島改造論」は、実はそれ以前の「自民党都市政策大綱」(一九六八年。田中はその発案者である)に始まる。その問題意識は「都市の主人は工業や機械ではなく人間そのものである。人々に緑と太陽と空間の恵沢をもたらし、勤労と生活の喜びを与える都市社会を形成しなければならない」というものであった。

この大綱の特色は、高層化による近代都市を目指すものであったが、一九六五年から一九八五年までの二〇年間という時間を限定して、人口、工業出荷、生産所得、大都市の機能、生活環境水準、道路、新幹線、港湾、コンピューター、都市用水、エネルギーなど都市生活に関わるテーマについて、四〇〇ページを超える大綱のうちのなんと四分の三をあてて、基礎データと目標データを具体的に数字で示したことにある。『日本列島改造論』(日刊工業新聞社、一九七二年)はこれらのデータをもとに、概略「都市集中のメリットは、今明らかにデメリットに変わった。美しく、住みよい国土で将来に不安なく、豊かに暮らしていくためには都市集中を大胆に変更しなければならない。そのために、工業の全国的な再配置、全国新幹線と高速自動車道の建設、情報通信ネットワークの形成などをテコにしなければならない」として、まさしく「日本の改造」を企てた。そしてこれらの政策には膨大な費用、膨大な法律(この多くに田中は自ら議員立法として関わっている)、さらに巨大な組織(道路公団、住宅公団など)が動員され、実際に実現されていったのである。今日まで続く「公共事業」のほぼすべては、この「日本列島改造論」が原型となっていることを忘れてはならない。

田中にとって、絶対的土地所有権はこれら公共事業を阻む大きな岩盤であった。公共事業、すなわち「公共の福祉」の前には、土地所有権は引き下がらなければならない。

奥深い山、荒れ地、さては海や河川敷など、今までは「厄介者」であった土地が突如、工業用地、道路や新幹線、ダムや港湾に転換される。見捨てられていた土地が黄金に変わる。地価高騰はいってみれば日本列島改造の当然の産物でもあった。司馬遼太郎はこれを見ながら「敗戦」を思い出していたのである。土地神話、すなわち土地は持ってさえいれば将来必ず値上がりするというのは、「実話」になった。これが「異様な姿」となって爆発したのが、第1章にみた「バブル」であり、その破裂が今日の不明土地につながっていくのである。

戦後土地所有権史を一言で言えば、昭和に入って高度経済成長と日本列島改造によって、土地は居住や生産のためにあるという根本が失われ、「商品」つまり売買あるいは開発によって最大限の利潤を生むものになった。商品として価値のない土地は捨てられる。これは市場では当然の経済原則であった。

第3章　外国の土地所有権——都市計画の観点から

一　都市計画とは

人口減少と一極集中

日本のような不明土地や空き地・空き家の続出は世界では珍しいと言われている。確かに世界各地でも自動車のように全盛を誇った産業が集中し急激な人口増加を見せた都市が、産業構造の転換によって、工場閉鎖、労働者の解雇などに見舞われ、都市のあちこちに空き地や空き家が目立つようになった例がある。またリーマンショックによって住宅ローンが払えなくなり、税金の滞納や貸家や売却が目立つようになって都市全体が寂れていくという事態は、あちこちに発生している。しかし、それらは国全体の傾向というよりは地域的なものであり、かつその原因も明確であった。したがってそれに対する対策やその方法もまた明確であり、その修復にもある程度の目算が建てられる。

しかし日本の場合は、それとは異なって、いわば全国的に「慢性病」のような状態となっている。その原因は二一世紀以降加速している少子高齢化による人口減少であることは言うまでもないが、諸外国(アメリカおよびイギリス、ドイツ、フランス、以下外国という場合には主にこれらの国を言う)には日本のような急激な人口減少傾向は見られないことである(ただし韓国を除く。韓国は日本よりももっと急激に人口減少が加速する傾向がある)。

もう一つ、日本で人口減少問題を考えるうえで考慮しなければならない、ここにも諸外国には見られない深刻な問題がある。それは、東京一極集中に見られるように東京では社会増による人口増加傾向が続き、また横浜、大阪などの巨大都市や県庁所在地なども、県内一極集中というような傾向もあって、比較的人口減少率が低い。しかし、地方都市、農村、漁村、山村などは減少率が大きく、その傾向は全国的に見てきわめて不均等になっているということである。なお、この一極集中現象は韓国ソウルも同じである。

国土や都市のあり方をどうするかという視点から見て、この人口減少と一極集中問題は、きわめて深刻かつ重要な問題である。解決の方法を間違うと、それこそ都市ひいては国土を滅ぼす危険性を有しているからであり、またそれは人々の暮らしや仕事に重大な支障を与える。それゆえ各国とも、この問題への対処を古来、国土政策あるいは都市政策として実施してきた。

地方創生

さて、この問題に対する日本の対策の代表的なものとして、必ずしも国土政策や都市政策に的を絞ったものではないが、二〇一四年に安倍内閣が始めた「地方創生」を挙げることができよう。これは「ひと、しごと、まち」の総合的な観点から人口減少に取り組もうというものである。「ひと、しごと、まち」はワンセットであり、最も広義に言えば、これは国土・都市政策にも決定的な影響を与えるものとみてよい。真に地方が創生されれば、おのずと人口減少も一極集中も緩和ないしストップがかけられるからである。そしてそれは、土地所有権の論理と現実に対しても、決定的な影響を与えるであろう。結論的なことを言えば、土地所有権のあり方も、このような人口減少と一極集中の解消に向けて、国土・都市計画と連動していかなければならないのである。

地方創生の中で最も本質的なものと考えられているのが「ひと」であり、これは「まち」にも大きな影響を与えるので、ここに焦点をあてて見ていこう。「ひと」政策とは、端的に言うと「出生率」を上げること、またそれを可能にするために多様な政策を重ね合わせて採用するというものである。

男女の結婚の援助（婚活や出会いの場の提供）、出産や育児に対する様々な手当（金銭支給あるいはグループ援助など）、地元就業機会の創出、社会減（進学や就職など）への対応、そして故郷への呼び戻し作戦としてのＵターンやＪターン、さらには新規移住者の開拓など、考えうる対策がいわば「てんこ盛り」となって実施されてきた。しかし、周知のように、それでも人口減少は食い止められず、コロナによる出生率の減少などもあって、むしろ、予測よりも早いスピードで加速している。第１章に見た増田寛也などによる「二〇四〇年には、全国の自治体の約半数が消滅するという予測」は、かなりリアリティを持ってきているのである。

不明土地や空き地・空き家の発生は、日本を取り巻くこのような大状況の反映といってよい。しかし、それにしてもなぜこのような事態が生まれるのか、ということはもう少し深く考えなければならない。というのは人口減少によって、土地や建物の「利用不全」（空き地・空き家の発生）という事態は日本ではある意味で必然的なこととされているが、「不明土地」の発生と「未利用」などということは、諸外国ではほとんど考えられないからである。また、利用の減少が生まれた場合にも、日本のように誰にも手がつけられず「放置」されてしまうようなことはなく、様々な方法で、適切な対応がとられているからである。

この差はどこから出てくるのか。それは都市計画と関係していないだろうか。このような視点から見ると、まず日本と外国の都市には大きな違いがあることがわかる。早い話、例えば都市の景観を見てみよう。日本では超高層ビルと平屋が乱立し、全国どこでも同じような町が出現するのに対し、外国では一部地域を限定した再開発地区などを除き、建物の高さは一定であり、またそれぞれの都市に個性がある。日本の都市は「乱雑・平凡」であり、外国では「美しさ」がセールスポイントになっている。

これらは多くを説明する必要がなく、現地に行ってみれば一目瞭然である。

この違いは、もちろん都市形成の歴史的な経緯、石造りの都市と木造の都市といった違いはあるものの、特にコンクリート、鉄とガラスが主流となった近現代について言えば都市計画の違いが大きな影響を与えているのである。

「都市計画」とは、都市をどのようにするか、道路や緑・公園などの公共空間や住宅、事務所、商店などの民間施設について、その場所、設置方法、費用負担などを計画し、かつ事業として実現していくというものである。市民的目線でやさしく言えば「まちづくり」である。

都市計画と土地所有権

都市計画は、世界的に言えば、例えば西暦前のギリシャの都市アクロポリス（紀元前五世紀）、日本で言えば、古代の藤原京、平城京そして平安京などを思い出すが、それは人類が集団的な生活を始めて以来、延々と継続されてきているものである。ここでは日本の明治維新以来の「近代都市」、特に昭和の高度経済成長以降の「現代都市」を念頭において論を進めることにしよう。

古代から近世まで、先の第2章で見たように、日本では権力者が、土地をいわば専断的に操作することによって都市づくりが行われてきた。しかし近現代では、外国を含めていずれも程度や質の違いは存在するが、そしてこれが決定的なのであるが、個々人が所有権という権利を持っていることを前提にして都市計画が行われるということである。

外国ではなぜ不明土地や未利用地が発生しないか、という問題を考えるにあたって、多少複雑ではあるが、ここでは公法と私法という問題について説明しなければならない。

都市計画法は、都市に関する他の様々な法律、建築に関する建築基準法、都市再開発法や区画整理法、道路法などの公共事業に関する法律等と並んで、国や自治体(行政)が土地所有権に対して「公共の福祉」の観点から制約を加える法律であり、これを「公法」という。他方、これに対して先に見た民法、あるいは土地と建物の利用に関してルールを決める借地法や借家法など、私人と私人との関係を規定する法律を「私法」という。簡単に言えば公法は権力と国民との間の縦の関係、私法は国民と国民との間の横の関係とみることができ、法学的に言えば本来、双方は次元が異なる全く別個のものであるとされてきた。

しかし、現代ではこの双方は密接に関係していて、相互の交流がなければ問題は解決できない。不明土地と未利用地の問題もこれにかかっている。

例えばバブル時の地価高騰。これは土地が生活の拠点から商品に代わったことを知らせるものであったことはすでに見た。ではこの商品としての土地の値段はどのようにして決められるのか。経済的な原則によれば、それはその土地を利用すればいくら儲かるか、という「収益」の可能性にかかっている。そして収益の可能性を決めるのに決定的な影響を与えるのが「容積率」である。容積率とは堅苦しく言えば「敷地面積に対する延べ床面積の割合」(第1章参照)であり、簡単に言うとその土地にどのくらいの建物が建つか、という土地利用の容量を決める基準のことである。バブルの頃、この土地は容積率一〇〇%で坪一〇〇〇万円、したがって容積率が一〇〇〇%であればその一〇倍の一億円になる、という形で土地の値段が決められた。

東京一極集中が起きるのは、都市全体として、日本で一番、容積率が高く指定されているからであり、逆に容積率が高く指定されているのはそれだけ利用需要が強いからなのだが、この容積率はまさしく「都市計画」によって決定されるのである。私権の典型である土地所有権は無色透明ですべて平等というわけでなく、こうして現実には、都市計画によって明確に区分されているのである。ちなみに、バブルと逆の土地放置についていえば、この容積率を含む都市計画を操作することによって(いくつかのプロジェクトの組み合わせ)、開発可能性を増やしていくことも可能である。これによって地価が上がり、土地の売買や利用ができるようになる。従って放置が解消されるということも不可能ではないのである。

これら、公法と私法をめぐる複雑な関係をここで紹介したのは、原点に返っていえば、明治以来の日本の近代的・絶対的所有権が、外国と比べてこの公法と私法のいずれの分野においても、いかにも異形なものになっていて、その是正なしには根本的な解決はありえない、ということを知るためである。

何でもありの日本の土地所有権

日本の法律では土地所有権の自由が保障されている。その自由とは以下のような操作もすべて原則「合法」だということである。

まず、人々は、最少あるいは最大どのくらいの土地を所有することができるか、という点から見てみよう。土地が生活や生存の拠点だという感覚からすれば、そこにはおのずと「限界」があるとは誰しも思うであろう。現に諸外国では、宅地については最低限度、どのくらい必要だというようなルールが条例などによって決められている。しかし日本ではこれが大小、無限大に拡大・細分化することが可能となっている。端的に言えば、一人の人が日本全国土を所有しても違法ではない。また、一坪の部屋でも問題ない(ワンルームマンションについては、各自治体の条例で最低面積が決められている。基地や公共事業などに反対するため一坪地主なども出現した)。所有者の数はどうであろうか。これも常識的に言えば、例えば「自然を保護する」ために、貴重な湿原を何千人もで保有する「ナショナルトラスト」のような場合を除いて、生活を含めて「土地利用」を前提とする場合は、数多くの人が所有すると、建て替えるにも売却するにも全員が合意しなければ何もできなくなるので、おのずと合意の可能な範囲などの制限が想定されるはずである。実際、諸外国ではそのようにルール化されている。しかし、日本ではこの人数についても無制限である。今回「不明土地」となっている土地には、このように合意を得られる可能性の範囲をはるかに超える人数で共有となっていることがあることは前に見た。土地所有権の自由とはこういう現象を許す、ということでもあるのである。

利用はどうか。ここでも原則自由となっている。つまり、鉛筆のように細くして山よりも高いビルを建てても、また地下に何百メートル掘り進んでもよい。高さだけでなく、それは色彩や形にも該当する。建物は赤でも黒でも、用途も住宅でもパチンコ店でもよい。形も丸でも三角でもよい。さすがに、この自由については日本でも「都市計画」「建築基準法」などで「用途地域」や「高さ制限」を定めて規制するようになったが、それでも外国と比べてこの規制はきわめて緩いとされている。実際、自分の目で確かめてみれば、日本の都市は建物の高さや用途、デザインなどがバラバラなのは一目瞭然である。これが日本の都市計画なのである。

収益については、第１章のバブルの場面で紹介したように、日本はここでも飛びぬけている。土地を利用しないでそのまま寝かせておき、頃合いを見て売り飛ばす「投機的」売買でいくら稼ごうと、これも自由であった。

最後に売買・処分はどうか。これも売ろうが売るまいがかまわない。この極端な例が土地関連法で紹介した「重要施設周辺土地利用規制法」である。この法律は善良な市民の土地所有や利用も弾圧・制限される恐れがあるとして反対の声が多い。それはともかくとして、基地、原発、水源地あるいは貴重な自然などの周辺に、これを破壊する目的の、スパイ、テロリスト、その他危険分子が無尽蔵に土地を購入してもよい、それがわかっていても売買を中止させることができない、というのは問題であろう。

もちろん、これらについては、それが社会的にみて目に余る場合、憲法に言う「公共の福祉」に反する事態の発生として、法律あるいは条例などにより、土地や建物について、

ミニミニ開発禁止、ワンルームマンションの最低居住面積の確保(条例)

建蔽率や高さ規制、景観の確保(建築基準法や景観法)

などとして規制を行うことは可能であり、現実に一部実施されている。

しかし、土地は原則、使用、収益、処分はすべて「自由」であり、問題が起きた時に対応するだけでは、危機に間に合わないとか、危機の種類に応じてたくさんの法律や条例が必要となる事態が発生する。日本の法制は現在、このような目で診断すると、抜け穴だらけであり、古臭く、かつ複雑膨大であり、これが「重症」という事態を招いているのである。

前置きはこれくらいにして、諸外国に存在して日本にないもの、あるいはこういうものがあれば日本でも空き地・空き家の問題を処理するのに相当役立つというものに限定して、紹介していこう。

二　外国の都市計画との比較

日本で近代的な都市計画が目に見えるようになったのは明治維新以降である。明治維新では、体制(立法、行政、司法などの統治機構など)の近代化とともに、都市の近代化が目指された。政府は、そのため、皇居周辺の官庁街、東京駅を中心にしたビル街、そして商業の街「銀座」などを都市計画として定めた。しかし、都市計画が行われたのはこれらの中心部だけであり、住民の住む住宅地などにはほとんど手が付けられなかった。もちろん都市計画に住民が参加するなどというのはほとんど思いもつかないことであった。実際、都市計画法が制定されたのは一九一九年であり、これが住民参加などを認める近代的な都市計画法に改正されたのは、戦後ほぼ二〇年も経過した一九六八年(昭和四三年、以下、新都市計画法という)であった。ちなみに田中角栄の「日本列島改造論」が発表されたのは、この新都市計画法が制定された四年後の一九七二年である。

高度経済成長と日本列島改造により、都市計画も都心の一部ではなく都市全体に、そして東京から地方都市・全国に広がっていく。新都市計画法では従来の高さ制限を廃止して容積率を採用したため、都心には高いビルが建ち始めた。高速道路や新幹線といった交通網などのインフラ整備、市役所や学校・病院などの公共的な建築物、さらには大規模店舗の進出が始まった。戦後の荒廃からやみくもに建てられた木造アパートはマンションなどに変貌し、国民の生活に密着していくようになった。その意味では日本の都市もようやく欧米の都市に近づくように見えたのである。

しかし、日本の都市計画は欧米諸国とは決定的に異なった。それは、バラバラな都市と秩序ある欧米の都市との相違であり、その相違はそれぞれの国の土地所有権のあり方と連動する都市計画の態様から規定されているのである。肝心の都市の主人公であるべき住民は、日本では権力の提示する都市計画を受容するだけの存在となっているのに対し、欧米では、あくまで都市を創る主体となっているのである。

まず初歩的ではあるが、都市計画の「基本」から見ていくことにしよう(1)。

日本では土地と建物は別な不動産、諸外国では一体

一戸建て住宅を見るとわかるように、一般的には土地と建物の所有者は同一である。しかし、

表 3-1　不動産・土地所有権の概念

制度等	日　本	アメリカ	イギリス	ドイツ	フランス
不動産の概念	土地と建物は分離	土地と建物は一体			
土地所有の概念	絶対的所有権	相対的所有権		絶対的所有権	
所有と利用	所有優先	利　用　優　先			

（出典：野村総合研究所土地問題研究会編『地価と土地システム――国際比較による解決法』，一部筆者修正）

日本では土地と建物はそれぞれ所有者が異なる場合も多い。つまり建物所有者が土地所有者から土地を借り（借地権）て、建物を建築するという方法も珍しくない。

しかし諸外国では、土地と建物は原則一体の不動産とみられている。

表3―1は各国の不動産の概念を見たものである。日本だけ土地と建物が分離（登記も別になされる）されていることがわかる。なぜこのような相違が出てきたか、詳しい説明は別にして、ここでは都市の構造と関係しているという点だけ指摘しておきたい。

ヨーロッパでは一見して明らかなように、建物はほとんど石造りであり、石造り建築は、内装はしばしば変更されるが、外観は何百年も継続している。つまりそこには「土地と建物との分離」という発想は生まれにくいのである。これに対して日本の建築は木造が主力であり、木造の建物は建築後三〇～五〇年で取り壊される。したがって土地と建物は分離、土地所有者と建物所有者が異なることにも違和感は感じない。また、分離することによって土地利用を行わない土地所有者に代わって、第三者が土地を借りて有効利用を図るということも合理的である。

このように双方に違いはあるが、家を借りる(アパート、事務所、商店などに多い)、つまり建物を所有者ではなく、第三者が「賃借・借りる」という形で利用するというのは、日本も外国も同様である。

次いで土地所有権に関する、表3-1の「絶対的所有権」と「相対的所有権」について見てみよう。日本ではこれまでしばしば指摘してきたように、土地所有権は「使用、収益、処分の自由」とされているのに対し、外国では、特に「使用」について自由は認められないという点に違いがあり、これが「絶対」と「相対」という相違となっているのである。

また、この相違に関係して、日本では所有優先、外国では利用優先となっている点を見てみよう。

日本では、特に戦後の高度経済成長以降、土地は何よりも高額でしかも絶対に値下がりのしない商品となったことはすでに見た。その結果、土地に関係する企業(不動産・建設・土木)は、生活や生産のためというよりは、将来の値上がりを見越して、土地を買い占めるという行動が顕著となる。このピークがバブルであるが、バブル崩壊後も、道路や大型施設などのための公共事業用地、あるいは大型スーパーやホテル、イベントの用地など「開発」を見込んでの買い占めは、今日にいたっても依然として継続しているといってよい。これが所有優先ということの意味である。

他方、外国では、ドイツのワイマール憲法（一九一九年。当時世界で最も先進的な憲法と言われたが、のちにヒトラーの率いるナチスによって葬られる）の一五三条「1項　所有権は、憲法によって保障される。その内容および限界は、諸法律に基づいてこれを明らかにする。3項　所有権は義務を伴う。その行使は、同時に公共の善に役立つものであるべきである」という条文に象徴されるように、本来土地は公共のために使われるべしという「利用義務」が先行していて、開発あるいは将来の値上がりを見越して、事前に「買い占める」という発想は少ない。さらに次に見るように、外国の都市ではその土地がどのように使われるべきか、あらかじめ厳格に法律で規定されていて、予想外の開発によって値上がりするなどということはほとんど考えられないのである。

さらに、都市計画に関連して言うと、日本は絶対的土地所有権によって利用の自由が保障されているので、都市計画もこの絶対的土地所有権に対する外側からの規制とされている。これを「建築自由の国」という。これに対し諸外国では、利用権はあらかじめ都市計画に定められなければ発生しない、もっと言えば、土地所有権に基づく自由な利用権はもともと存在しない。利用権は都市計画によって与えられると考えられていて、これを「建築不自由の国」という。

建築不自由の国では、都市計画に基づく建築が義務となっているとみてもよく、日本のように建築をするもしないも自由となっている国とは好対照となっているのである。

自治体の権限とその実効性

都市をどうすべきか。都市計画法では市町村が議会の議決を経て「都市計画に関する基本的な方針」（一八条の2）として定めよとしている。略称「都市マスタープラン」（都市マス）という。都市マスには都市の未来像とこれを実現するための方法などが文字や図表・写真などで示され、議会の議決によって決められる。現在ではすべての市町村で策定されている。どの町の都市マスも美しく豪華であり、またその内容も、ほとんどケチがつけにくいほど、高齢者や自然にやさしく、持続可能性があり、また便利で楽しい町などという言葉で飾られ、立派なものとなっている。

日本の都市マスそのものは、欧米のそれと大きな違いはないが、実質的に、日本では「絵に描いた餅」となっているのに対し、外国ではほぼ法律に近い「実効性」を持っているという決定的な違いがある。

日本の都市マスは抽象的に町の未来への期待を示すだけのものであり、これをどう実現するかについてはあまり関心がない。つまり、未来を実現するための法制度や財源、さらにはこれを運営していく組織などはほとんど具体的な裏付けがなく、豪華な都市マスは策定と同時に机上で飾るだけのものとなっているのが実態といってよいだろう。細かく言うと、都市マスには都市全体あるいは地区ごとに、都市にとって不可欠な、防災、環境、また道路、住宅、公園といったインフラなどの現在と将来についていろいろなことが書き込まれる。そしてそれぞれのテーマについて、個別に防災プラン、環境プラン、道路プラン、住宅プラン、公園プランなどが策定され、順次それに基づいて実現されていく、というシステムになっていて、それら個別計画と事業は、自治体の有する「自治権」に基づいて総合調整されるという建前になっている。地方分権とはもともとそういう意味であり、そのように期待された。都市づくりは、地方自治体にとっても最大級の仕事といってよいだろう。しかし、実際はこのような期待とはかなりかけ離れているのである。

それはまず、これらを実施するための法律が、それぞれ、災害基本法、環境基本法、道路法、住宅法、公園法などとして上位に君臨し、自治体はそこで決められた様々な「基準」を超えることができない。また、これら事業を担当する官庁が、防災は国土交通省、農業は農水省、商工業は経産省、環境は環境省などと縦割りになっていて、その財源も「細切れ補助金」と言われるように各省庁、各事業ごとに細分化され、自治体は総合的にまとめて自由に使うことができない。自治体には、分権のために不可欠な権限である「自由裁量権」がほとんど認められていないのである。

例えば自治体で近隣住民のために昔からの商店街を守ろうとしても、近くの広い土地に「大型スーパー」が出店計画し、そしてその計画が国の定める都市計画法や建築基準法に合致する限り、自治体には止めようがなく、ほぼそのまま出店される。そしてこのような大型スーパーが一度出店されてしまうと、大型商店の魅力(多量・豊富な商品、そして高齢者や子どもたちのための様々な娯楽施設など)に地域商店街は到底対抗することができず、いつしか「シャッター通り」になる。ひいては都市全体の構造、つまり全国同じような町に変化・画一化させられていくのである。

日本の都市マスは実効性を持っていない。こんな状況を反映してか、都市マスに興味を持つのは不動産業あるいは開発をもくろむ企業ばかりで、都市マスに関心を持ち、情報公開を請求したり、説明会や公聴会に参加したりする住民もほとんどいないというのが現実なのである。

本章冒頭に見た安倍内閣の「地方創生」の「ひと、しごと、まち」のうち、「ひと、しごと」の分野もさることながら、「まち」の分野でもパッとした成果がみられないのは、この都市マスの無力と大いに関係しているのである。

これに対して外国では、都市計画は完全に自治体の権限の中にあり、都市マスに書かれたことをそのまま実行する力がある。住民にとって都市マスがどのようなものであるかは生活や仕事にダイレクトに影響する。それゆえ関心も非常に強く、行政にとっても住民の関心がどこにあるかは重要な関心事なのである。

ヨーロッパに行くと驚かされるのは、町中、石造りの古い建物(内部は改造されている)が多いことはもちろんであるが、新しい建物でも、建築資材、敷地の大きさ(ミニミニ開発は禁止される。これは相続に関連して後述)、建物の高さ、屋根の形、窓や手すり、玄関や駐車場まで色彩やデザインがほとんど同じように造られているということである。そこには都市の美しさ、過去の歴史との連続性、全体と個の調和など、綿密に考えられた痕跡がみられる。そして何よりも重要なことは、市民の合意のもとに策定された都市マスは法律と条例のバックアップのもと、「都市づくりのルール」として確立されているということである。

建築確認と建築許可

なお、少し専門的な話になるが、もう一つ報告しておかなければならない。双方の差は「建築確認」と「建築許可」の差となって表れている。

日本に限らず外国でも、都市マスが一見いかに完璧に見えても、時代や環境の変化によって、それらの修正は免れない。修正の方法はまず現場で対応し、次いで現場での対応が限度を超える場合は、条例や法律の制改定となる。

建築についてみてみよう。例えば石造りの町に（素材、デザインなどについて厳格な規制を行っている）鉄骨・コンクリートの高い建物の建築が申請された場合どうするか。これは都市マスに違反するとして却下である。しかし、石造りを土台に木造で細かなデザインの建物が申請された場合はどうか。これは都市マスから見れば逸脱の疑いがあるが、きわめて上質で都市に新たな魅力を生み出していく可能性がある。これはどうしたらよいか。外国では、これらの変更への対応は、原則、建築担当の自治体の行政官が判断する。行政官は広範な裁量権を持ち、申請された建物が認められるかどうか、マスタープラン、法律や条例その他、その地域の現状に合うかどうかを、「専門家」の意見を聞きながら自分で判断する。その建物が町全体に影響を与えるようなものであれば、住民の投票によって決めることもある。つまり、行政官はこのような場合、どう対応するか大きな裁量権を持っていて、まるで「裁判官」のようだという評判になっている。このため行政官は専門的な高い識見を持ち、かつ市民から尊敬・信頼されなければならない。行政官の持つこの権限を「許可権」といい、行政官による許可制が外国の都市・建築の通常の行政スタイルとなっているのである。

では日本ではどうか。日本では建築について建築確認制（都市計画では開発許可という制度となっていて名称だけは広い裁量権を持つようになっているが、外国とは全く異なりほとんど裁量権は認められていない）が採用されている。すなわち自治体の行政官（建築主事）はその申請が法律や条例に合うかどうかを「確認」するだけで、自分の判断で状況に対応していくことは全く認められていない。なお、さらに言うとこの確認制度は、今日では民間活力の活用などという名目で、「民間指定機関」に委任されている。つまり都市づくりにとって大きな影響を持つ建築について、今や自治体の介入する余地はほとんどなくなっているのである。先ほどの地元の商店街の近くに大型スーパーが建設されるということについて、自治体は事前に建築情報すら知らされることなく、どこか他所の民間指定機関で確認されるため(沖縄の大型スーパーの建築について東京の建築指定機関などでも確認してもよい)、地元でいきなり建築が始められることも珍しくないのである。首長の無関心な政治姿勢などもあって、大型スーパーがこの町にふさわしいかどうかを判断する余地など全くない。

なぜ日本では全国同じように高さも用途もバラバラなコンクリートの町ができていくのか。また不明土地や空き地・空き家が発生するのか。さらに、日本全土で、ほとんど「廃墟」となることが確実なマンションが建築されるのか。答えは明瞭。それは建築や開発が全国一律の建築基準法や都市計画法(なおこれらの法律の中には一部自治体に裁量を認めているものもあるが、それはわずかである)に基づいて行われ、バラバラな建物、不明土地や空き家、そしてマンションはすべてこれらの法律に適合する「合法」な行為だからである。自治体はこれら合法建築物に対して介入する権限を持っていない。

長い間、無権限にされてきている自治体では、当然のことであるが、まちづくりに取り組む組織や職員も削減され、関心も失っていく。住民がそれらの不当性などを訴えても自治体は応えるすべがなく、もう聞く耳を持たない。不明土地や空き地・空き家あるいはマンション建築について、第1章で見たように、いかにも自治体の対応が鈍いのは、このような権限喪失の影響が圧倒的なのである。

そして、なんと驚くことに、日本のような「確認制度」を採用しているところは、欧米はもとより世界中にもほとんどなく、実はこの点でも日本は、今や「不思議の国」になっている。

日本の都市が一見活発そうに見えても、持続可能性や環境への適合、あるいはそれこそ少子高齢化社会への対応ができなくなったのは、この確認制度の影響が大きい。そこで、私の属する市民団体(「景観と住環境を考える全国ネットワーク」とその支援学者)は、日本でも確認制度を廃止して「許可制」を採用すべく、衆議院法制局の援助を得て二〇一四年、法案(五十嵐敬喜・野口和雄著「都市改革・都市計画制度等改革基本法　住民参加による、地域にふさわしい都市計画・まちづくりを促す戦略的法案長妻私案」)を策定した。以下概略を紹介しておきたい。

1　目的　土地の合理的な利用を図るため都市計画・建築基準制度などの改革を図る。

2　基本理念

イ　公共の福祉を優先

ロ　地域の自然、歴史、文化などの特性に即した美しく安全な都市を創る
ハ　都市における開発、建築などは民主的かつ適正な手続を経て行うこと
3　改革の実施及び目標時期　市町村マスタープランに基づいて、必要な法制上の措置を法律施行後二年内に講ずる
4　開発許可　開発をしようとする者は、市町村長の許可を得なければならない
5　建築許可
建築主は、工事に着手する前に市町村長の許可を受けなければならない
市町村は、条例で許可基準を定めなければならない
イ　数値による基準と地域の自然、歴史、文化などの特性に即した定性的な基準を組み合わせたものとすること
ロ　市町村マスタープランに基づくこと
6　都市計画制度等改革推進本部の設置　内閣府に本部を置く（建築確認から許可への変更は、国土交通省だけでなく、例えば農水省の農地など多くの省庁の所管する法律にも影響を及ぼすために「内閣府」に設置した）

この法案が採択されれば、日本もようやく欧米諸国並みになり、自治体と住民は自ら責任をもって安全で美しい都市を創ることができる。不明土地や空き地・空き家などに対する「包括

的な権限」を持つことができる。この法案は都市の構造改革を行うものであり、そのため、政府にその推進本部を置くという案であった。法案の策定過程で確認を許可に変えることについて、これまで何度か見てきた明治憲法以来の「土地所有権の絶対性」に抵触することがないか、数か月にわたって法案作成のプロである衆議院法制局との間で厳しい応酬があったが、東日本大震災の復興の中での確認制の不条理と許可制によるまちづくりへの将来展望を期待して、ようやくこのような法案の策定にこぎつけたのである。

私たちはこの法案を議員立法として国会に提出するよう、各政党に働きかけを行ってきたが、現時点までこれに賛同する議員や政党がほとんど存在しないのはいかにも残念なことである。

三　日本の参考になる外国の都市計画

世界各地の都市を見ると、それぞれの個性があり、それぞれの課題がある。都市計画制度はそれらの課題に対応するものであり、それぞれ独自なものであるが、日本でも参考になるものが多い。諸外国はどのような課題を持ち、どのように対応してきたか。日本にとって、それらの経験がどのように役立つか、簡単におさらいしておこう。

アメリカの「成長管理政策」

アメリカは「自由と市場の国」として知られている。高度経済成長以降、日本も中曽根政権時代に、日米貿易摩擦の解消（アメリカの貿易赤字を解消するため、日本国内の内需を掘り起こす）として、「自由と市場」を看板に掲げ、これに反する「規制の緩和」に乗り出した。都市政策の分野では、建築について規制緩和として「容積率」がターゲットにされ、さらにゼネコンを主体とする「民間活力」、アメリカからの木材の輸入などが喧伝されるようになった。

しかし、都市計画分野に限って言えば、アメリカの「自由と市場」の様相は全く異なっている。本質的なことを言えば、この自由な市場を構築するためにこそ都市計画（したがって土地所有権も）は厳格な規制が必要、というのがアメリカの考え方なのである。

アメリカでも戦後、人口の増加や経済の成長が著しくなった一九六〇年代から一九七〇年代にかけて、都市のむやみな膨張と極端な縮小を抑えるためオフィスの総量規制、事務所と住宅のリンケージ、環境管理計画、歴史的建造物の保存などの政策が次々と採用されてきた。さらに、富める者と貧しい者の間の経済格差やメキシコなどからの移民を背景にした「低所得者住宅の保護」のための住宅政策などがその対象となった。

このような目標を達成するための政策は、包括的に「成長管理政策」と呼ばれる。(2) それは都市ごとに「開発の速度、量、タイプ、場所、コスト」をコントロールする、そして都市を民間市場に委ねるのではなく、明確で意識的な行政の介入を行うというものである。アメリカでも事業者側からこのような市場に対する行政の介入は違法であるという訴えがあったが、アメリカ連邦最高裁判所は行政の介入に正当性を認め、合法としてこの訴えを退けたため、成長管理政策は全国に広がった。アメリカの都市政策の根本は「都市は大きくなればなるほど良い」のではなく、それぞれの地域の状況に応じて「適切な規模と質」があるというものであり、特に膨張の激しい都市では「開発の一時停止」(モラトリアム)が強力に推進された。

ちなみに、日本でもこの膨張する都市に対して、一九六〇年代から一九七〇年代後半にかけて、いわゆる革新自治体(美濃部亮吉東京都知事、飛鳥田一雄横浜市長など)が主となって「宅地開発指導要綱」を定め、行政指導に従わず無謀な開発をする事業者に対して、氏名の公表のほか水道、下水道など自治体の行っている公共サービスを停止するなどしてコントロールしようとした。しかし日本の最高裁判所は、アメリカ連邦最高裁判所と異なって、「宅地開発指導要綱」は所有権の自由のもとでの開発や建築の自由に対する法に基づかない干渉であるとして「違法」の判断を下した。その結果、自治体独自の開発コントロールは許されない、という状況が長く続くようになった。けれども成長が著しい場合にはその抑制が、成長が衰退する場合にはその促進が必要であることは誰の目にも明らかであり、特にその要請は膨張と縮小が極端になっている日本でこそ考慮されるべきであろう。

都市の膨張と縮小、これをどうするか。この大きな課題が、国土政策では「全国総合開発計画」による開発積極推進策(特に有名なのが、先に見た田中角栄の「日本列島改造論」とそれに連動した新全総の開発路線)であり、一方自治体では、先に見た東京、横浜、京都など革新自治体において、美濃部亮吉東京都知事の「青空と広場」による開発抑制措置(宅地開発指導要綱はその武器の一つである)など、政治的にも大きな争点として争われたことがあった。二一世紀に入って、安倍政権での「地方創生」政策の中で、東京の成長の抑制論や地方都市の開発促進論も語られることはあるものの、いかにも掛け声や建前だけで成果はほとんど見られず、またそれが政策論として、与党と野党あるいは国と自治体との間で政治争点化されることもほとんどなくなっている。不明土地や空き家の発生はその空白をぬって発生している、とみるべきであろう。

なお成長管理政策はその後、アメリカでは、都市景観、ダウンゾーニング(都市の膨張を抑えるため容積率などを引き下げる)、オープン・スペース(同じように過密を避けるために地域、個別建築ごとに公園や空き地を設け、これを広く住民に開放していく)などの手法が次々と開拓されている。

イギリスの「グリーンベルト」

イギリスの都市計画の特徴として際立つのは、原則としてすべての建築・開発に地方計画庁の許可が必要とされているということである。許可は諸外国の都市計画の強力な武器になっていることは先に見たが、許可するか否かの判断基準として、イギリスでは「周辺状況」との適合が挙げられていることに特徴がある。イギリスでは建物と景観(特に庭)は伝統的に美しく保存されるべきものであって、日本のようにスクラップ・アンド・ビルド、建てては壊し壊しては建てるというような考えはほとんどない。新しい建物を周辺状況に適合させるのは、これまで以上により美しくしていくという決意であり、日本のように山を削り道路を広くしてホテルやゴルフ場を造るなどという発想とは一八〇度違っている。

もう一つ、日本との比較の中で特徴的なことは、「グリーンベルト」で知られているように、「都市の膨張」を防ぐために都市の周辺を緑地帯で囲むという計画が実施されていることである。グリーンベルト内部は、原則、農林業、屋外スポーツ、屋外レクリエーション、墓地、既存住宅の限定的な開発以外は禁止となっていて、自然が保全される。なお後に見るエベネザー・ハワード(一八五〇―一九二八)の新都市開発としての「田園都市」は、このグリーンベルトで囲まれた美しい都市である。

日本でも戦前の関東大震災直後、帝都復興院のリーダーとして復興にあたった後藤新平は、東京の周辺にこのようなグリーンベルト構想(その後この政策は一九三九年の環状緑地帯計画、さらには戦後復興計画にも引き継がれた)を打ち上げたが、これらはすべて開発を制限するとして土地所有者・地主たちの反対にあい、ことごとく断念させられた。その結果、東京などは膨張を止める何のアイデアもないまま、神奈川、埼玉、千葉などにとめどなくスプロールが広がった。最近の超高層の乱立は縦のスプロール、これは横のスプロールと呼ばれる。

人口減少によって都市の拡大と縮小が極限に近づいてきている日本でも、個別土地所有権の管理や活性化といった対策だけでなく、都市全体のスプロール禁止、その方法としてのグリーンベルトの設定、グリーンベルト内の例えば自然と共存した新しい開発(カフェ、生産物の加工・販売所とレストラン、スポーツ・レクリエーション施設など)が要請される状況と思われるが、これは次の第4章の「田園都市論」で詳説したい。

ドイツの「建築不自由の原則」

ドイツは厳格な法治国家であり、都市や建築についても整然と秩序付けられている。都市計画を支えるのは、都市の将来の大まかな土地利用の目標を定めるFプランと、これを地区ごとに具体化・詳細化するBプランである。

特筆すべきはBプランである。これは建築に関するものと地区全体に関するものとがある。

建築に関するものとして、

一〇種類の建築地区と階数・建蔽率・容積率・体積率

建築形式、建築可能な敷地部分、建築位置

敷地規模、間口・奥行き最小値
関連付属用地 遊び場、レクリエーション用地、駐車場、ガレージ用地
住居建物中の最大許容数
地区全体に関するものとして、
公共供給施設用地および導管用地
公園、家庭菜園などの公私の緑地、墓地
農業用地、森林
自然景観保全関連用地
子供の遊び場、レクリエーション用地、駐車場
植栽や保全に関する規定
などが詳細に決定されている。

日本にとって特に参考になると思われるのは、ドイツでは何よりも「建築不自由の原則」が貫かれていることであろう。これがドイツ都市計画の最大の特徴である。つまりこの国では、原則、建築は禁止されていて、Bプランの厳格な規制を守る者だけが建築を許されるのである。

日本は正反対であり、建築は原則すべてどこでも自由である。それで不都合が生じた場合にのみ公共の福祉によって制限されることになっている。これは先に見たように、ドイツでは

「ワイマール憲法」以来の「所有権には義務を伴う」という原則が、「建築不自由」として現れ、日本では明治憲法以来の「建築の自由」がこのような正反対の形として現れているのである。

ドイツも日本と同じように第二次世界大戦の敗戦によって主要都市のほとんどが壊滅したが、このような所有権に対する考え方の違いが双方の都市の復興にも顕著にみられる。日本では周知のようにアメリカ占領軍が都市の土地所有権にほとんど手を付けなかった（都市計画に対しても無関心？）こともあり、バラックからビルまで、バラバラに建築された。ドイツでは教会などを中心にして、戦前の都市をそのまま再現しようとしたのである。現地に行ってみると、ドイツの諸都市ではいまだ近代以前の都市が継続しているかのような錯覚に襲われ、戦争によって破壊された都市であることを忘れさせるということがよくわかる。その差が放任された都市計画と厳格な都市計画の違いであることが強調されるべきであろう。

フランスの「美の追求」

フランスの都市計画は全国規制と地域都市計画プランの二階建からなる。ここでもドイツと同じように都市では厳格な都市計画があり、都市計画が存在しないところには建築や開発は認められない。

フランスで特に目立つのは、パリに象徴されるように、その美しさが都市のシンボルになっているということである。フランスでは都市だけでなく、国家挙げて、美は文化の象徴であり、フランスの都市と農村は文化の結晶であることを世界中に喧伝している。

そのため、一つひとつの建築そして地区の計画に、絶えず「美」が導入されてきた。

各国との比較などの詳細は省くが、フランスは世界で最も多くの観光客が訪れる国だということは周知のとおりである。

都市や農村の美の追求は日本にとって、インバウンドによる観光客の誘致、そして宿泊やお土産による地域経済の向上という視点からだけでなく、少子高齢化のもと、地域に居住する住民のプライドを保持培養するためにも、不可欠なものであり、フランスの都市計画に学ぶべきものは大であると言わなければならない。

四　相続に関する各国比較

相続＝所有権移転か

日本の不明土地の根本的な発生原因として「相続」と「登記」の問題があることは第1章で見た。相続による複数多数の所有者の出現、未登記、そして所有者不明というサイクルであり、今回の法改正はこのサイクルに修正を加えようとしたものである。しかし、それ以前に「相続＝所有権移転＝共有者の発生」というサイクルの出発点そのものに問題があるのではないか、と指摘するのが、今回の民法・登記法の改正国会でも参考人として発言した司法書士石田光廣らの研究である(3)。

本来この問題は第1章の相続の部分で扱うべきだったのかもしれないが、諸外国との比較、ひいては都市計画との連動という観点からここで扱うことにする。石田らの問題提起は日本ではあまり知られてこなかったものであり、土地所有権を考えるうえでも刺激的なものと思われるので、石田らの報告によって、問題の所在と解決策を見ていきたい。

日本ではすでに見てきたように、戦前の民法では「家督を継ぐ」という大義名分のもと「長子相続」が原則であり、その限りでいえば相続による土地の共有化あるいは細分化はあまり想定できなかった。しかし、戦後、家督相続は封建的な「家制度」の元凶であるとして、民法改正が行われ、相続人の平等の確保のもと、被相続人の死亡と同時に、相続人にその権利に応じて平等に配分(共有)されることになった。これは人権尊重という近代法の思想に基づくものでもあった。

しかし、現実には多額の相続税支払いなどもあって、その後複雑な展開をたどる。一つは、相続人の協議により、相続財産の一部ないし全部を売却するというものである。問題は、特に都市部ではこのような土地の多くが不動産業者の手にわたり、一部はマンションに、一部は建売住宅としてさらに売却され、これが地域の環境破壊あるいはミニミニ開発といわれる土地の細分化をもたらした。もう一つは、マンションや建売住宅などの「市場」が見当たらない、売却できないなどの理由で塩漬けになる、そしてゆくゆくは不明土地となっていくというものである。さらに、売却などの可能性はあるが、所有権者が多数いて分割・売却協議がまとまらないため、やむを得ず未利用のまま凍結されてしまう、というようなものである。

しかし石田らの研究によれば、外国では、死去と同時に相続人に所有権が移転するわけではなく、これが細分化や塩漬け土地の発生を防止しているという。

法的に言えば、所有権は死亡と同時にそのまま相続人に移転するか、あるいは死亡後、直ちには移転せず、一時的にプールされ、そこで処分方法が検討された後、その結果が相続人に引き継がれるか、ということであり、ここが日本と外国との差、しかも決定的な差異となっているというのである。

いったん「合有」される欧米

外国の法制度についてここでは詳しく紹介できないが、概括的に言うと、イギリス・アメリカ(判例法の国)が採用している英米法と、ドイツ・フランス(成文法の国)などの採用する大陸法に分かれる。

まず英米法では、相続が発生してもすぐには相続人の権利は発生しない。相続財産は日本流にいうと、いったん財団化(法人化)され、遺言書の認定や遺産分割協議が成立したあと、それらによって特定された相続人に所有権が移転するとされているとのことである。

大陸法では、相続発生と同時に相続人全員に所有権は帰属するが、これは日本の共有のように各人が平等に「持ち分権」を持つというものではない。日本流にいうと「合有」すなわち個人所有よりは団体所有に近い(相続人全体である種の団体を形成する。ドイツ民法二〇三二条1項「被相続人が複数の相続人を残したときは、遺産は相続人の共同財産となる」)ものと考えられていて(共有は各人が持ち分権を持ち権利行使を請求できるという点で、合有との違いがある)、そこでの合意のもとに相続人に配分されるという。

双方とも、相続財産は、死亡と同時に自動的に個人所有になるのではなく、いったん財団あるいは合有といった組織に移り、その内部での論議と決定(これには多くの専門家が関与し、財産の評価や有効な活用方法が検討される)を経由して、最後にその決定に基づいて所有権者(通常、代表者一名、場合によって二ないし三名)が確定するというシステムになっているとのことである。

これらを端的に言えば、相続後、相続人の間で法人あるいは合有などの代表者が登記簿に登録される。また相続財産の処理は「清算主義」、つまり、そのまま合有、総有、法人の財産として継続されることはなく、売却などされるのが主流となっているという。相続人から売買などでこの土地を購入した新土地所有者は、前記のように都市マスに基づいて、この土地を利活用する。つまり不明土地は発生しないのである。

相続財産は考えてみれば血縁共同体の財産であり、市場で自由に売買される自由な財産とは明らかに異なっている。したがって死亡と同時にいきなり、血縁共同体の財産が市場の論理に転嫁するのはやはり実情に合わない。一方、相続によってこれまで大きくは血縁共同体の一員ではあるが名前や住所すらわからない人が共同相続人になったり、あるいは良い意味で血縁共同体に献身してきた人と、無関心あるいは反対・妨害した人が同じ権利を持つというのも、何か不条理な結果をもたらすことも否定できない。もちろん、血縁共同体は平等や民主主義といった近代的な理念に反する危険性もないではないが、外国のようにここに専門知識を導入することによって是正していくことも可能であろう。

日本でも戦後すぐの相続財産法に対して、このような観点からの再構成が必要なのではないか。また外国の制度は、「現代総有」にとってもきわめて魅力的な提案であり、不明土地の発生を抑制し有効利用を促進するためにも、管理の発想を超えるきわめて魅惑的な立法参考資料といえるだろう。

五　アメリカと日本のランドバンク

外国の都市計画は強烈である。一般的に言えば地域ごとに土地利用や相続財産が厳重にコントロールされていて、日本のようにあたかも自然死のように訪れる空き地・空き家のような事態は起こりにくいというのが、石田らの研究成果であった。

しかし、では外国ではめったに空き地・空き家が生まれないかというとそうではない。リーマンショック時、多くの土地や建物がローンや税金を払えなくなり、売りに出されたり、賃貸に出されたりした。これら「不良資産」がすぐ整理できたかと問われれば、もちろん即座にイエスということはできない。しかし外国、特にアメリカではこれに対応するしっかりした制度がつくられている。これも先の石田が強調している点だが、日本の空き地・空き家の解消に有効な方法なので紹介しておこう。

アメリカの空き地の管理には歴史がある。先に少し触れたとおり、一九七〇年代、アメリカのベルト地帯にあるデトロイト市のように自動車産業で有名だった都市が、産業の不振によって衰退し、空き地・空き家、固定資産税の滞納などが目立つようになり、市の財政も危機に瀕するようになった。その他災害などによる都市の破壊によってこのような空き地を生み出すこともある。このような場合、土地所有権者に対して開発を義務付けるという一般的な都市計画の手法では間に合わない。そこで緊急事態の対応として工夫され、実績を上げている政策として石田らが紹介し、日本でも有効ではないか、としているのが、アメリカのランドバンク、すなわち土地銀行である。土地銀行とは、このような空き地・空き家をいったん銀行(自治体もしくはその関連団体)が引き取り、整地など開発のための条件あるいは修築などの改良を加えて、改めて貸し出す(売却する)というものである。

このようなシステムは、実は日本でも農地や林地で一部採用されてきたし、かつ、近年はそれに限らず、都市部でも日本版ランドバンクの立ち上げが見られるようになってきた。しかし、ここでもその相違は明確である。そこでアメリカのランドバンクと、日本でランドバンクの最先端として紹介されている山形県鶴岡市のNPO法人「つるおかランド・バンク」(以下、「つるおか」)の取り組みを参考に見ていくことにしよう。

ランドバンクの設立経過と発展

ランドバンクは一九七〇年代アメリカの中西部で始まり、表3-2のような歴史をたどってきた。

これを見ると、アメリカのランドバンクは、当初の放棄地や滞納物権の「管理」から始まり、

表 3-2　アメリカのランドバンクの成立経過と発展

第 1 期	1970〜1990 年	放棄地，滞納物権	不動産の管理
第 2 期	2000〜2010 年	滞納税不動産全て	市場に売却
第 3 期	2010 年以降	空き家，滞納，放棄不動産	取得・管理，管理，再生
第 4 期	現在	自治体の総合計画の中に空き家バンクが組み入れられる	

順次、二〇一〇年以降の「取得、管理、再生」を行うコーディネートに発展し、現在では、単独の政策ではなく、自治体の総合計画の一環として都市政策全体を支える重要な政策となっている。

これに対し「つるおか」は、日本国内では抜群の実績を上げていて、国土交通省が日本の「モデル」として紹介しているケースであるが、そこには良かれ悪しかれ日本のランドバンクの特質が表れていると思われるので、簡単に紹介し、次に日米の相違を検討することにしたい。

山形県鶴岡市は人口一二万二三五一人(二〇二一年)の田園都市である。近年、郊外への人口流出が目立つようになった。市中心部でも高齢化の進展により建物の老朽化や空き家・空き地が増加するようになる。空き家は二〇一一年の二二七三件から二〇一五年には二八〇六件に増加し、二〇二一年には三五八二件になった。このような状況のなか「つるおか」は二〇一二年、「空き家・空き地・狭隘道路を一体として捉え、所有者などの協力を得て、生活しやすい環境を再生させ、市街地中心部の再活性化を目指す」として出発した。

設立当初はほぼ公設民営という組織であったが、その後宅建業者が中心となり、鶴岡市もその一員であるNPOとして活動するようになった。

鶴岡市は狭い道路や行き止まりの道路が多い。そのため建築基準法の接道義務の関係で建て替えができず、また自動車社会対応のための駐車場が整備できない状態になっていた。そこで、専門家や不動産業者がコーディネーター役となって、周辺地主と協力しながら、土地の形状を整えて道路を広げるなど、建て替え可能なように整備する作業を行い、実際に成功例を生み出した。続いて、相談、空き家バンク、空き家管理、解体などについて取り組むようになり、相応の実績を上げている(4)。しかし、土地の形状を整える作業などには土地所有者の「協力」が不可欠であり、また民間同士の権利調整が主となるため、行政が主体となっての介入はしにくい(NPOの財源は会費と寄付。ただし鶴岡市は人件費一名分を補助するほか、二名の職員を常勤として配置している)。さらには、このような管理や解体作業ではほとんど利益を生まないため、民間会社が事業として参加する動機付けが弱いなどということもあって、広く普及させるためには限界も見られる。ここでも日米には大きな差がある。この差も、「土地は誰のものか」という思想の差異と連動していることは言うまでもない。

ランドバンクの日米比較

表 3-3　ランドバンクの日米比較

	アメリカ	日本
組織	公的部門	各業界が参加，実質的な業務 NPO
予算	連邦，郡，民間団体の助成 保有物件の売却，賃貸料 2010 年　475 万ドル	自分で調達できない 2016 年　900 万円
バンクと税の連携	滞納物権を扱う	連携なし
空き家・空き地の所有	保有区画　13120 売却　943 除却　1125	解体見積 231 件 実施 57 件
総合計画とランドバンクの関係	大規模地主として策定に積極的に NPO との連携を謳う	総合計画にランドバンク事業記載

そこで、ここではアメリカのランドバンクに関する先行研究をベースに、簡単にアメリカと「つるおか」(ただし空き地・空き家の数字は二〇一三年から二〇二一年上期までの合計)の比較を行ってみよう。なおこの比較は豊原圭次朗「コンパクトシティ実現手段としての日米ランドバンクに関する考察」が土台になっている[5]。

アメリカの事例は、鶴岡市と似たような人口を持つミシガン州ジェネシー郡ランドバンク公社GCLBAで、二〇〇三年に設立され、主要活動地はフリント市(人口は一九七〇年一九万三三一七人、二〇一〇年一〇万二四三四人)である。表3-3は双方の比較表である。

これを見るとまず、組織、予算、実績な

どもろもろの点で段違いの差となっていることが明白である。

なぜこのような事態になっているのか。それは「土地は誰のものか」という思想的な相違に関わる自治体の権限と関心度の違いから生じているのである。アメリカでは空き地などの発生は土地の公的な部分と密接に関係する「都市」の問題である。したがって、当然にそれは行政の「公的な仕事」の対象であり、その解消は自治体の権限でありまた責務となる。しかし、日本ではこれらの問題は民間人の私的な所有権の問題であり、行政は本来民間人の私的な領域には介入できない。もちろんそれは都市に深刻な事態をもたらすが、自治体にはこの私的領域の問題解決のための権限も財源も、したがって組織も存在しない(できない)ということなのであろう。つまりアメリカのランドバンクは自治体とほぼ一体の組織となっているのに対し、日本のそれは予算も権限も持たない、自治体の外側のいわばNPO的な活動にとどまるのである。問題が発生した場合に強制的な法的措置をとることが可能かどうかという点については、アメリカではそれは可能であるが日本では不可能であるということになる。

なぜ日本ではランドバンクを自治体の内部組織として位置付けることができないのであろうか。ここには行政は私的領域には介入できないという事情のほか、自治体をめぐる状況の大きな違いがあることを付け加えておかなければならない。端的に自治体はアメリカのランドバンクと同じように土地・建物を取得できないのか、という疑問に関わっている。

日本でも自治体は公共施設の用地（学校、ホールなどの箱物あるいは道路やゴミ処理施設などのインフラ）として自ら土地を取得することができるし、土地所有者が売買や賃貸に応じない場合には強制的な収用も可能である。それは、これらが強い公共性を持つと考えられているからである。

しかし空き地・空き家の管理や事業化は、第1章で見たようにその放置が安全や衛生の観点から見てきわめて危険である場合を除いて、ストレートに公共性を持つものではない。むしろ自治体側から見れば、民間の不始末の後処理を押し付けられるという感覚の方が強いのであろう。また仮に空き家の再生が自治体にとって公共性が高いと認識されても、土地を取得する費用、再生のための改修とそのエネルギー、さらにはそれに要する人員などの確保は、緊縮財政の現状を考えるととても困難である。また、どの空き家を購入するかしないかの判断にも複雑な利害関係が絡む。日本の自治体が、空き家の解体撤去、あるいは不明土地の利活用、さらには所有権の帰属についてほとんど実績を挙げられないのは、このような現実的な理由によることを再確認しておきたい。

ランドバンクに関する日米の相違は、このような法律と自治体の現状から生まれている。

そうはいっても空き地・空き家の増大は、もう自治体でも放置できない状態となっている。

そして第1章で見たように新土地基本法は自治体の積極介入を要請し、自治体も私的領域に対する行政不介入の原則を振りかざして逃げ回るようなことは許されなくなった。ランドバンクは日本でも必要かつ不可欠なツールとなり、「つるおか」以外にも、全国の自治体で取り組み始めた。その意味ではようやく日本版ランドバンクの構築が必然となっているのである。しかし率直に言うと、日本版ランドバンクはまるで民間「不動産屋」のように「空き家」の紹介にとどまり、アメリカのように、その事業が総合計画に位置付けられることも、コーディネーター役を超えて自治体自らが土地や建物を購入してこれを改修し、さらに売却や賃貸などして「利益」を上げていくようになるまでは、まだまだハードルが高そうである。

第4章　田園都市論――二一世紀半ばの日本の姿を求めて

私たちは少子高齢化による劇的な社会変化の中で今後どのような生活を送っていくべきか（できるのか）、生活の器である都市はどのようなものでなければならないか。土地所有権のあり方は、これらの問いに対するきわめて重要な角度からの回答でもなければならない。

第3章では、都市計画が土地所有権にも大きな影響を与えることを見てきた。少し復習しておくと、土地所有権の三つの要素、すなわち「使用、収益、処分」について、これをどんどん「自由」にしていくことも、また厳しく「制限」することも都市計画によって決定されることである。さらにこれを原理的に遡っていくと、土地所有権とはそもそも自由なのか、それとも計画があって初めて自由になるのか。これは「建築自由」（建築確認制）と「建築不自由」（建築許可制）との違いとして見ると、抽象論を超えて現実的なものとなる。さらに、土地所有権は個人利用が原則かあるいは共同利用が原則かという、都市計画の根底に関わる根源的な問いを提起するのが、本章で見る「田園都市論」である。

そこで、これらを検討するにあたって、現在日本ではどういうことが起こっているのかをまず見ていくことにしよう。この検討は、土地所有権の本質に迫る課題を明確に示してくれるであろう。ちなみに新土地基本法のいう「管理」は、都市計画を十全なものにしていくための基本的な準備作業とでも言うべきものであるが、それが都市計画と固く連結されれば、その意義はより高まるであろう。

そこで本章では、まず、最近の都市論の最前線として位置付けられる「都市再生事業とコンパクトシティ」と「東日本大震災復興の教訓」を取り上げたい。前者は、いわば既存の都市をどう改造するかというものであり、後者は被災地の中から新都市を創るものである。これらはほぼ国のイニシアティブで行われる事業である。良くも悪くも、日本の都市の現実を見る格好の対象となっている。

次に、最新の国土交通省の「国土の長期展望」(二〇二一年)を見たい。これは前記のプロジェクトが両方とも現場対応型であるのに対し、二〇五〇年までの日本の国土・都市の姿を予測しながら、それへの対応を理論的かつ政策的に明らかにしようというものである。言ってみれば未来設計図とでもいうべきものである。

最後は、岸田内閣によって強力に押し進められようとしている「デジタル田園都市国家構想」である。最近のデジタル化は、過去の「産業革命」を超える影響力を世界中に与えていて、これなくしては何事も語れなくなっている。イギリスを起点とした産業革命は世界を資本主義と社会主義に分岐する起爆剤となった。世界中のデジタル化はどのような社会を生み出すのであろうか。

この三つは国土と都市に大なる影響を及ぼし、都市計画も一新されていく。したがって土地所有権も一新される。

一　都市再生とコンパクトシティ

都市再生は、首相が自ら先頭に立って、特に大都市を中心に、従来の都市計画の規制を取り払い、事業者などに様々なサービスを与えることによって、市場経済を活性化させ、国内だけでなく、国際的な都市間競争を勝ち抜こうというものである。もう一つのコンパクトシティは、過疎化しつつある地方都市の中で、横にスプロールして人々がバラバラに居住するようになっている現状の打開を図る。すなわち中心市街地に人や物を集中させて、地方都市の維持と活性化を創り出すというものである。ここでもこれまでにない新しい都市計画が生まれた。

専門家やマスコミも「国際的な競争に打ち勝つ」「自治体存続の切り札」などとして「礼賛」している。それらはどういうものであるか、以下、少し詳しく紹介していこう。

都市再生特別措置法(二〇〇二年。二〇一六年、二〇一八年、二〇二〇年改正)

この法律は小泉内閣成立の約一年前に「経済戦略会議」の戦略プロジェクトとして発案され、小泉内閣発足後に制定されたもので、「バブル経済崩壊に伴う土地不良債権を処理し、不動産証券化の導入などによって不動産市場の回復を図るため、主として金融機関など大規模ディベロッパーが計画主体となって実施する、首都圏やその他の大都市圏の都市機能の高度化すなわち都市改造を推進するための即効性を重視した」ものである。これまで都市計画は地域の実情をよく知る自治体が主体となって行うべきとされてきた。都市再生特別措置法は自治体を超えて、首相自らが担当者になるという異例中の異例な法律であり、それだけ都市再生は重大なプロジェクトであるということである。その特徴をまとめると以下のようになる。

1　都市再生本部を設置し、首相が本部長になり自ら都市再生基本方針、緊急整備地域、地域整備方針を決定するという、政府のトップダウンの都市計画である。

2　民間都市再生事業を積極的に奨励するため、計画申請から認定までの期間を大幅短縮(三カ月以内)し、事業資金の貸し付け、補助、債務保証などの各種優遇措置を付与する。かつ自治体の定める都市計画規制を自由に変更提案できる計画権限を事業者に付与し、都市計画認定期間も大幅に短縮(六カ月以内)する。

3　当該自治体が民間都市再生事業と連動した都市再生整備計画を策定し事業化するときは、特別交付金を交付する。

要するに、従来の都市計画などを全て無視し、政府のトップダウンで自由自在に都市計画を定めることができ、しかも、容積率のボーナスだけでなく、事業資金などの経済的優遇措置が与えられるということだ。企業から見れば喉から手が出るようなおいしいプロジェクトである。また事業者だけでなく、人口や産業を呼び込むための開発がほしい自治体にとっても、都市再生は何から何まで国が面倒を見てくれるもので、企業を呼び込むための飛び切りの都市計画であった。もちろん固定資産税が増えるという財政効果も大きい。その結果、二〇一九年時点で同法は全国二五〇都市に適用されている。

ちなみに、東京では東京都心・臨海地域、池袋、新宿、渋谷、品川、大崎駅周辺地域が緊急整備地域に指定され、軒並み超高層ビルが建設されるようになった。その主体はもちろん大企業であり、東京では超高層建築競争が絶え間なく繰り広げられている。たまに東京を訪れる人にとって、また、東京人にとってすら、一年前の東京はどこに行ったのか戸惑うばかりであろう。

しかし、この都市再生事業には根本的な疑問もある。不明土地や空き地・空き家の未然防止のため、政府は地方創生事業を提唱し、地方都市の新しい産業の創出と就職機会の拡大、そして、婚活の促進、子育て支援、UターンやJターンの促進など個別政策に対する支援を行っている。さらに真の地方活性化のためには、究極的な政策として「東京一極集中解体」が不可欠であるとしていることは前に見た。しかし、都市再生はこれらと逆行し、さらに東京を肥大化させるだけの都市計画ではないか。このような集中を強める政策と、地方における不明土地の解消との関係はどうなるのであろうか。誰が見ても、矛盾しているとしか言えないであろう。

都市計画も、それらが成功するか否かは最終的には国民の政府に対する信頼感による。先のアメリカの都市計画の参考例で言えば、日本の現状こそまさに「成長管理」の時代なのであるが、日本の現実は「成長につぐ成長」と「衰退につぐ衰退」となっている。日本で都市計画が存在感を持たない理由の一つがここにもある。

コンパクトシティ（都市再生特別措置法二〇二〇年改正。地域公共交通活性化・再生法二〇〇七年。二〇一四年改正）

コンパクトシティは、ある意味で今回の不明土地などに対する対処法を示したものである。(1)とくに延々と横に広がる日本の都市では、遠隔地に居住する人は病院、介護施設あるいは子どもの教育、さらには日用品の買い物などに難儀する。後継者も少なくなり、自治体の財政力も弱くなっている現在、このままではそれらの地域は維持できないことが明らかになった。今こそこれを一つにまとめて、便利で機能的な都市を創るべきである。この二つの法案の立法趣旨は次のようになっていて、通称その都市はコンパクトシティと呼ばれるようになった。すなわち、

地方都市における人口減少、特に生産年齢人口の大幅減少
市街地の拡散、福祉サービスなどの提供困難。シャッター通りの増加
公共交通など行政サービスの維持困難

などの状態に対応するために、従来のように市街地から地域へと、どんどんスプロールしていく都市形成の仕方を改め、市街地の中心部に公共施設、医療・福祉、商業施設、そして住宅などを集めて、便利で機能的な都市を創る。高齢者だけでなく、若者を集め、賑わいを取り戻す。

都市計画的に言えば、市街地を、

「都市機能誘導区域」（公共施設、福祉、医療、商業などを集約する地域）
「居住誘導区域」（住宅事業者による都市計画の提案をさせる）

に区分し、ここに、集中的に税、財政、金融という経済的サービスと容積率緩和のサービスを与える、これ以外の区域では開発をコントロール（規制）するほか、宅地開発などについて届け出制を採用し、スプロールを助長しないかどうか見極め、抑制するというものである。

コンパクトシティも、人口減少などに悩む自治体から見ると、いいことずくめで「天からの

恵み」のようなものであり、多くの自治体が名乗りを上げた。都市計画区域をもっている一三七四の都市のうち四七七都市が具体的な取り組みを進め、このうち二七二都市が二〇一九年までに計画を策定した。富山市、熊本市、柏市などがそのモデルとして有名である。

これを見ると、大都市再生事業と同じようにいかにもいいことばかりといった感じであるが、問題がないわけではない。

リアルに見てみよう。すぐわかるのは、コンパクトシティは、スプロール地域に居住する人から見れば、従来のような公共交通、あるいは教育、医療や介護などの行政サービスがなくなるということである。その結果、一部はコンパクトシティに移動し、また将来家業を継ぐ予定であった若者たちの帰還は困難となる。つまり地域は過疎から無人へ移行する流れになる。しかし、これこそ実は空き地・空き家を増やす政策ではないか。コンパクトシティを目指す自治体は、その結果不明土地や空き地・空き家が増加するのもやむを得ないとして腹をくっているに違いない。

もう一つ指摘しなければならないのは「コンパクトシティ間の競争」である。コンパクトシティはそれだけを見ると、確かに一か所に住宅、商業、教育や福祉サービスが整っていて便利で機能的である。しかし、そのような町が隣にもできたらどうするか。当然、コンパクトシティ間の競争が始まり、人々はより魅力的な町に移住するであろう。これまでこのような競争と移動の頂点が東京であった。東京は、便利や機能を売り物にするという点で見れば日本一、というより世界でも有数の都市である。コンパクトシティでの便利さや機能性などを売り物にしたまちづくり、すなわち、市場という同一平面での競争には、常に勝者と敗者が出てくることを忘れてはならないのである。

なお、最近法改正が相次ぎ、以下のような「新たな政策」が次々に導入されるようになっている。これはこれまで考えもつかなかったような先端的な試みである。

1　低未利用土地権利設定等促進計画制度の創設

権利者の同意のうえ、一括して「利用権等」を設定する計画を市町村が作成することができる。

2　立地誘導促進施設協定制度の創設

都市機能や居住を誘導すべき区域で、空き地・空き家を活用して、交流広場、コミュニティ施設、防犯灯などをつくり、地域コミュニティやまちづくり団体が共同で整備・管理するための地権者合意による協定制度。

これら新制度には「借地権」の活用、「コミュニティの動員」など、後述する「現代総有」の主張が一部取り入れられていることに注目したい。コンパクトシティのまちづくりを行うにあたって、ここでも「個別絶対的な所有権」による障壁に遭遇した。この新制度はその呪縛からの解放を目指すものと理解できるが、その試みは行政主導の、しかも便利や機能性の向上のためにという、いかにも旧来の「資本主義的な発想」に基づくものであり、「現代総有」の人々の協働による持続可能性のある「自治的」なまちづくりとはコンセプトがかなり異なっている。これは最後に第5章で見ていくことにしたい。

二　東日本大震災復興と新都市の建設

都市再生やコンパクトシティは既存の都市を前提に、それぞれ都市の活性化や競争あるいは持続などの観点から、既存の都市計画ではリハビリ程度の修復しか行えないので「大手術」を行うというものであった。一方、東日本大震災の復興(以下復興という)は地震と津波などによって人命も土地も建物も大被害を受けた被災地で新都市を建設しようという試みである。復興には三二兆円という巨額な資金が投入され、様々な事業が実施された。その成果はどのようなものであったろうか。復興計画の策定から新都市の完成までを順を追ってみていこう。

「二一世紀半ばにおける日本のあるべき姿」

東日本大震災は二〇一一年三月、被災地(主に岩手、宮城、福島)に史上最大ともいわれる津波被害（なお福島の原発被害は除く）をもたらした。これをどう立て直していくか。政府は直ちに「東日本大震災復興構想会議」を設置し、同会議は「復興構想7原則」（二〇一一年五月）を提言し、これが復興の大原則となった。

1　追悼と鎮魂
2　地域・コミュニティ主体の復興を基本とする。国は、復興の全体方針と制度設計によってそれを支える。
3　技術革新を伴う復旧・復興を目指し、この地に、来るべき時代をリードする経済社会の可能性を追求する。
4　地域社会の強い絆を守りつつ、災害に強い安全・安心のまち、自然エネルギー活用型地域の建設を強める。

などである。次いで、この提言を受けた政府は「東日本大震災復興基本法」（二〇一一年六月）を上程し、国会は直ちにこれを可決した。この復興会議の提言は、基本理念として二条1項に「単なる災害復旧にとどまらない、二一世紀半ばにおける日本のあるべき姿を目指」すとした。あるべき姿として、以下を挙げた。

1　地域住民の意向を尊重して、国と地方自治体が連携すること
2　少子高齢化、人口の減少など、人類共通の課題の解決に資すること

3　安心して暮らす安全な地域の形成、雇用機会の創出、地域の特色ある文化の振興、地域社会の絆の維持

被災地は震災前から人口減少が目に見えるようになっている地域であり、その多くは先述した増田克也『地方消滅』による消滅可能性都市を先取りしているような自治体であった。被災地では震災後一〇年かけて、国家の総力（予算規模三二兆円、復興庁など新しい組織の設置、新法の制定、そしてボランティアや自治体間の支援、さらにはデジタルを含めて最新技術と産業の立ち上げなど）を挙げて新都市の建設に取り組んだ。新都市は全国のモデルにならなければならなかった。では、震災後一〇年たって、日本のあるべき姿はどうなったか。詳細は筆者（共著）の『震災復興一〇年の総点検』（岩波ブックレット、二〇二一年）に譲るが、結論的に言うと、立派な近代都市はできたが、人口減少はとどまらず、むしろ加速されているという現実である。

なぜこのようなことになったのか。ここではまず、第3章で見た「都市計画」に沿ってみていくことにしよう。

計画と現実の差

被災地の「未来の姿」は、まず被災自治体の「復興マスタープラン」としてまとめられた。

ここで重要なことは、「未来の姿」は、国が描くのではなく、被災住民が主体となって計画し

実行していくということである。第3章で見たように、日本の都市計画は、諸外国に比して圧倒的に政府主導であり、自治体は政府の企画・指導・援助を受けて、都市計画を実施していくという典型的な「中央集権型」の国である。復興会議あるいは復興基本法がいずれも「地域・コミュニティ主体の復興を基本とする」としたのは、「中央集権型」では新都市の建設はうまくいかず、未来の姿は創り出すことができないということを反省したからである。これは日本の都市計画制度の歴史の中で、中央集権から地方分権へ実質的に制度転換する画期的なものであった。

復興の第一歩となる復興マスタープランは、自治体の置かれている地域状況を起点にして、あるべき姿を探そうとしたものである。被災地のほとんどは三陸リアス式海岸で知られる美しい港町であり、ほとんどがこの海との共存を未来の姿として描いていた。例えば岩手県大槌町では「海の見えるつい散歩したくなるこだわりのある「美しいまち」」を最高目標とし、これを「安全・安心の確保」「暮らしの再建」「地域経済の再興」「教育環境」の視点に分解し、都市計画的に言うと、「津波防災」「土地利用」「交通体系の整備」などによって実現しようとしたのである。そこには、何百年も暮らしてきた人々の伝統とプライドに裏付けられた生活様式が盛り込まれているようであった。

しかし問題はこれからである。これらの理念や目標を頭に入れながら、実際に被災地を歩いてみよう。「海の見えるつい散歩したくなるこだわりのある「美しいまち」」はどこにあるのであろうか。大槌町に限らず被災地のほとんどが「巨大コンクリート防潮堤」によって、海と陸が、そして仕事場と居住地が、さらに地元住民と観光客が分断された。どの町でも広い道路、高く巨大なビル、大型スーパーと全国ブランド店が目立つ。

なぜこのようなことになるのか。その検討は将来のまちづくりを考えるうえでも参考になると思われるので、要点を見ていきたい。

1　被災自治体は、ほぼ全滅というようなところもあり、町長や行政幹部が被災・死亡したところや、自分は難を逃れたにしても家族や友人・知人あるいは隣近所の人が被害にあった人がほとんどであった。また、震災後の生活は、とにかく学校などの「避難所」に緊急避難したまま、職を失い、先行きがほとんど見えないまま、不安の中で耐えるだけという状態であった。肝心の計画のリーダーである町長や議員あるいは職員を失い、庁舎自体が破壊されたところもある。このような状況ではマスタープランの絵は描けても、実行に移す余力はほとんどない。設計図は災害後ではなく、災害前に策定されていなければならないことを教えている。

2　被災地の復興マスタープランは「海と生きる」「安心して暮らせる」「子どもや高齢者に優しい」など、いわば誰も反対できないものとなっている。しかし計画から事業の段階に至るまでを仔細に検証すると、それらは実は「人口増」「経済成長」「開発」「近代化」などという

「人口増時期」の政策と重なり合っていく。防潮堤、広い道路、高い建物、各種のホール（箱物）などの「建築・土木公共事業」がそれである。この段階になると復興の主体としての地域住民は存在感を失っていくことにも留意しなければならない。これらの事業はあまりにも巨大であり、また法制度や財政の仕組みが複雑で、被災住民の想像力を超えているからである。

3　このようなマスタープランと事業の切断を決定的にしたのは、約三二兆円という巨額な復興資金である。この巨額資金は、通常はその一部を自治体が負担するという原則が破棄されて、国の全額負担（二〇一六年以降は一部自治体負担）とされた。これは、自治体から見ればいわば「ただ」で事業ができる。その結果、それまで費用負担などの関係でできなかった事業を含めなんでもほしい、他の自治体に負けたくない、大きく立派なものをというような欲望を抑えることができなくなるのは、ごく自然なことと言えよう。仮に事業費の五％でも自己負担とされていたら、自治体は、事業の必要性、優先順位、費用の返済や維持の可能性などについて、慎重に判断しなければならず、これこそ住民参加が最も必要とされる分野であった。この事態を政治という観点から見ると、町を立派に大きくすることのほうが、町を人口減少の事実に合わせて調整していく、もっと言えば長期展望に言う「歴史・文化・自然環境の活用」「情報・交通・社会とのつながり」といった政策よりも、はるかに多数の支持を得られやすい現実を無視することができないということである。自己負担があれば、自分で考え、自分で決断し、その責任を自分が負担する、という「自治」の原則が試されることになる。しかし自己負担はゼロ、すべて国がやってくれるのであれば、自分の決定や責任の問題は発生しない。ひたすら国にお願いしていくという、「政治の空洞」あるいは「劣化」が必然となるのである。

4　都市計画の観点から、今回の復興にあたって多用された「区画整理」(土地区画整理法、一九五四年)と「都市再開発」(都市再開発法、一九六九年)について触れておきたい。

区画整理と都市再開発は戦後の日本の都市を思い浮かべてみるとわかりやすい。戦後の人口増に伴い、細い道路の周りにいわば自然発生的に人々は木造の家を建てた。しかしこのような町は災害、特に火事に弱く、道は狭く消防自動車も入らないので危険であるとして区画整理の対象となる。その手法は土地所有者に少しずつ土地を提供してもらい(減歩という)、広い道路を造り、それを軸として整然と区画し近代的な町を創るというイメージである。都市再開発は特に駅を中心として形成されたいわゆるバラックの町を整理して、高いビルを建て、そこに既存の土地所有者らを入居させようというものである。既存の土地所有者に対しては区画整理の場合は減歩された残りの土地を、再開発の場合はビルを建てた後の床を与える意味で土地所有権を「変形」させながら保障する。問題は事業のための費用であり、区画整理の場合は土地の一部を「保留地」として、都市再開発の場合は「保留床」として確保し、それを他に売却することによって調達するという点に特色があった。絶対的土地所有権のある種の変形であり、この変形制度は戦後日本の多くのところで採用されてきた。

これらは絶対的所有権の保障として一見合理的である。しかしこれが成功するためには、その土地の地価が値上がりすることが前提である。仮にこの保留地や保留床が売却できない場合には事業は立ち往生してしまう。地価上昇時代にはこれらは機能した。しかし、被災地では当初からもう地価の値上がりはないとされていたにもかかわらず強行された。時代錯誤そのものである。

その結果どうなったか。多くの区画整理地では、そもそも既存の土地所有者であった住民が戻ってこない。その赤字を埋めるために様々な名目で多大な税金が投入された。都市再開発も同様である。現地住民の入居が少なく、多くはテナント募集として他に貸し出されている。

このようなもろもろの要因が重なって、「海と生きる」という美しい言葉で描かれた復興マスタープランと実際の事業との間に大きな齟齬が生まれた。これをもっとスケール大きく言えば、この現実は政府・企業の利益と住民の生活が激突し、前者の圧倒的な力の前で後者がかすんでいってしまったと見ることができる。

さて、新都市の建設にあたって、特に目を引いたのが、被災地である岩手県の達増拓也知事が震災直後から復興の基本目標として、宮沢賢治の「世界がぜんたい幸福にならないうちは個人の幸福はあり得ない」という言葉をシンボルにして「幸福」を掲げたことであった。

しかし「幸福」というだけでは、一般的には定義があいまいで、幸福かどうかはおおよそ「個人の主観」に関わるもので、これを政策の基本目標に掲げるなど意味がないという意見も多い。そこで岩手県ではこれを基本目標として掲げ、それに終わることなく、その中身を項目ごとに「数値」によって客観化し、これを毎年検証していく形で県民に公表し、判断を仰いだのである。復興における幸福の追求というのはどのようなものであるか、次の国土交通省のレポートとも深く関わるので、併せて検討することにする。

三　国土交通省「国土の長期展望」

復興基本法のいう「二一世紀半ばの日本のあるべき姿」とはどういうものか。本来はここに見てきた都市再生とコンパクトシティ、そして復興のたくさんの経験を踏まえて展望されるべきであった。展望は机上プランに終わってはならず、実現されてこそ意味があるからである。

二〇五〇年の都市論

二〇二一年六月、都市(国土)に関する担当官庁である国土交通省の「国土審議会計画推進部会国土の長期展望専門委員会」は「国土の長期展望」(以下、長期展望)をまとめた。そこでは

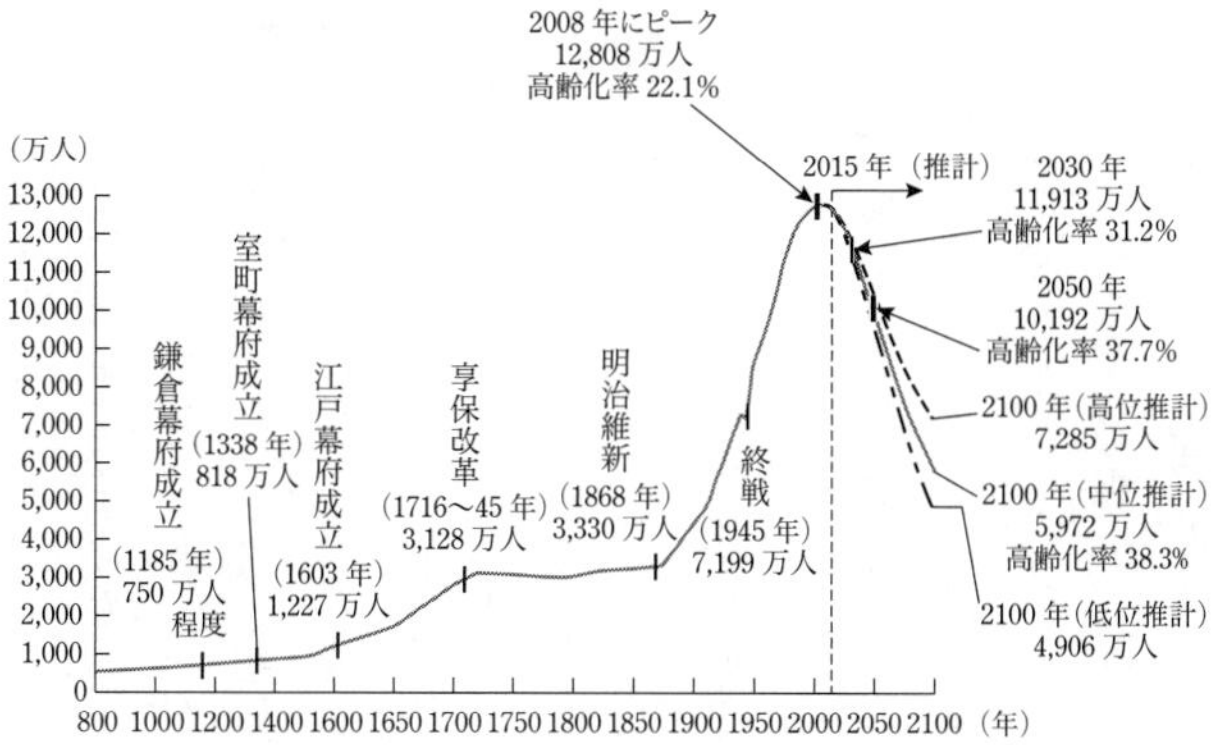

図 4-1　日本の人口の長期展望

（出典：国土交通省「長期展望」）

「二一世紀半ば」という言葉を二〇五〇年と確定し、その冒頭に「日本の人口の長期予測」(図4-1)を掲げた。「日本の総人口は、二〇〇八年をピークに減少傾向にあり、二〇五〇年には約一億人にまで減少する見込み」というのである。この二〇五〇年とか約一億人という数字だけを見ると、なにかぼんやりしていて「減少」の実感がわかないが、グラフを見るとその異様さが浮き上がってくる。

グラフは鎌倉時代の人口七五〇万人から始まる。人口増に向かう江戸幕府成立時の一二二七万人が、享保改革時は三一二八万人となり、明治維新時は三三三〇万人であった。第2章の日本の土地所有権史ではここから日本の近代の始まりとした。人口論で見ると、近代とは明治維新(一八六八年)から終戦(一九四五年)を挟んで、人口ピークといわれる二〇〇八年までの間、つまり一四〇年の間に、なんと九四〇〇万人増えて一億二八〇八万人になった。つまりウナギ昇りの時代であったということである。そして二〇〇八年以降を見ると、今度は逆転し二〇五〇年の約一億人になる。その五〇年後の二一〇〇年にはなんと高位推計で七二八五万人、中位推計五九七二万人、低位推計四九〇六万人に急降下する。低位推計をとれば、日本はピークからおよそ九〇年の間に約八〇〇〇万の減少で、ほぼ大正期の人口に戻ってしまうことになるのである。

都市論に戻して言うと、先の田中と大平の都市論争は、このグラフでいえば人口がウナギ昇りの時点のものである。東日本大震災は人口減が見え始めた時点、さらに二〇二一年の国土交通省の長期展望は人口減が今や止めようがなくなってきた今日の時点からおよそ三〇年先の二〇五〇年を見通した都市論であることにまず注目しておこう。

「『真の豊かさ』を実感できる国土」という目標

長期展望は、国土づくりの目標として、人口減少社会を見据えて「『真の豊かさ』を実感できる国土」を掲げた。ここでいう国土の「真の豊かさ」とは何かについて、三つの視点を示した。

1　「ローカルな視点　持続可能で多彩な地域生活圏の形成」

人々の行動範囲（通勤・通学）である地域生活圏に着目

テレワークなどデジタル化の推進
分散型エネルギーシステムの構築
歴史・文化・自然環境の活用
2　「グローバル化の視点　国際競争の中で「稼ぐ力」を維持・向上」
産業構造の構造転換
大都市のイノベーション
東京などの大都市のデジタル化
3　「ネットワークの視点　情報・交通や人と土地・自然・社会とのつながり」
情報通信や交通ネットワークの充実
国土の適正管理
防災・減災・国土の強靭化
カーボンニュートラルの実現

このような視点が生まれる背景として、専門委員会が検討した「参考資料」(これは全一九九ページという大部のものである)は大変に刺激的なものである。それは、二〇五〇年までに日本の国土や都市がどうなるか、かなり正確な予測に基づき、表や図などによって数字的に明らかにしているからである。先に見た田中角栄が関与した「自民党都市政策大綱」と同じ手法である。

言い換えれば、この長期展望や政策を批判する場合には、それら原点となる数字そのものを厳密に検証するか、あるいは他の数字をあげて反証しなければならないことになる。以下、少しこれらの数字をもとに、若干の解説を加えながら見ていくことにしよう。

人口減少の長期的見通しについては先ほどのグラフに見た。

これはどういう原因で生まれるか。それは年齢構成の変化によって生まれる。

①年齢構成の変化（一九七〇年→二〇五〇年）

生産年齢人口　七二一二万人→五二七五万人

若年人口　二五一五万人→一〇七七万人

つまり高齢者が増え、若者が減るということであり、これを図形的に言えば逆ピラミッド型の構造と言えよう。この構造は、今後日本社会は、少数の若者が多数の高齢者を支える社会となり、年金、社会保障、介護や医療などに大きなインパクトを与えることを意味する。都市論的に言えば、スピードや機能よりは安全や安心が求められる、ということであろう。

②合計特殊出生率

若者が少なくなるということは、生まれる子どもの数が少なくなる、ということである。

一人の女性がどのくらいの子どもを産むかを見たのが合計特殊出生率であるが、二〇一九年には全国で一・三六、東京圏では一・一五、地方圏一・四九となっていた。

とくに目立つのは東京が一・一五で全国最下位であり、沖縄が一・八二で全国最高であるということである。東京は言うまでもなく一極集中都市であるが、それは都内の出生率よりは社会増によって引き起こされているというのである。

③少子高齢化地域

この人口減少を空間的に見たのが少子高齢化地域（若年〇〜一四歳の人口比率が一〇％以下、高齢者六五歳以上が四〇％以上）の比率である。これを見ると二〇一五年には居住地域の約三三％が高齢化地域であり、これが二〇五〇年には五六％となる。つまり地域の半分以上が高齢化地域になるということである。

④全市区町村の人口変化

また、人口減少は、大都市よりは市町村という小さな自治体に集中的に表れ、二〇五〇年には五五八市町村（全国市町村の約三割）が人口半数未満となる。言い換えれば、今後三〇年以内におよそ三割の自治体人口が現時点に比べて半分となる。これは、それらの地域では役所をはじめ、学校、病院などの箱物、道路、水道などのインフラ、住宅や事業所などがこれまでの半分となることを意味する。

⑤無居住化

そしてその行きつく先が、誰も住まない地域となるということである。日本の居住地域は国土の約五割である。二〇五〇年には人口減により、国土の約二割が、都市が小さくなるというレベルを超えて無居住化する。本書のテーマである土地所有権の視点でいえば、人が住まない、すなわち不明土地や空き地・空き家が相当の広範囲にわたって出現するということである。

⑥国民の願い

このような推移の中で、国民の願いも様変わりするようになる。一九七〇年代後半は「物の豊かさ」と「心の豊かさ」は均衡していた。平たく言えば物も心も双方欲しいということである。しかしそれ以降一貫して物よりも心の豊かさを重視する傾向が増え、二〇一八年には「物の豊かさ」は三〇%、「心の豊かさ」が六一・四%と逆転するようになる。これは先に見た岩手県の「幸福」とも関連して、おそらく今後の都市を考えるうえで最も重要で本質的な争点となるであろう。

詳しくは後述するが、未来の都市は「心の豊かさ」を保障・実現する社会でなければならない。それはどのような都市で、そして誰がどのようにしてそれを作っていくのか。その主体は当然「若者」になるのであるが、都市づくりにとってこの主体論が決定的なキーワードになる。

⑦閉塞感

では若者は現状をどう見ているか。表4-1は、国内だけでなく国際比較を行ったもので、若者の現状を「客観的」に示す。

「日本の将来は明るい」と答えた日本の若者の割合は三一％である。実は二〇一四年度よりも二・二ポイント増加している。そのこと自体は心強いが、しかし「日本の将来は暗い」が「明るい」をはるかに上回ること、そしてこの「明るい」部分も国際的、特にアメリカ、イギリス、ドイツ、フランスなどと比べるといかにも低い数字であることに注意しなければならない。「二一世紀半ばにおける日本のあるべき姿」は、やはり、これを「明るい」ものに変更しなければならないし、未来都市もこの観点から検討されるべきである。どうしたら若者たちに夢を与え、心が豊かになる都市を創ることができるのであろうか。

長期展望はこれを「真の豊かさ」と総括し、都市論として展開するにあたって、1のローカルな視点、2のグローバル化の視点、そして3のネットワークの視点の三つに集約した。しかし、この三つの視点をさらに細分化した長期展望の具体的な政策は、概括的に言えば、項目として取り立てて新しいものではなく、残念ながらここ一〇年ないし二〇年くらいの間にあちこちで主張され、また実践に移されてきたものであった。

その中で、今日の時点でいえば、各段にその要請が強まり、また大規模に政策化されようとしているのが1のロー

表4-1　若者が見る「自国の将来」の国際比較（2019年）

	明るい	暗い
日本	31.0%	48.7%
韓国	41.0	43.2
アメリカ	67.6	23.2
イギリス	56.7	29.9
ドイツ	60.6	32.9
フランス	50.6	40.5
スウェーデン	62.0	29.3

（出典：国土交通省国土計画局）

カル化の視点の「テレワークなどデジタル化」と、2のグローバル化の視点の「東京などの大都市のデジタル化」である。これを集約したのが岸田内閣の「デジタル田園都市国家構想」であり、これは後に「デジタル田園都市」として検証することにしよう。3のネットワークの視点の「国土の適正管理」は、新土地基本法によって全国的に実施に移されようとしている。

さて問題は、長期展望の1の中の「歴史・文化・自然環境の活用」および3の「情報・交通や人と土地・自然・社会とのつながり」である。これは「心の豊かさ」と大いに関係する部分であり、また岩手県の復興の基本目標である「幸福」とも重なる。

「真の豊かさ」と「幸福」

長期展望の「真の豊かさ」と岩手県の「幸福」はどちらもやや抽象的な表現で、個人個人の「主観的」なものであるという理解が一般的である。しかし先に見たように、岩手県はこれを可能な限り数値で表し、政策化した。長期展望の「真の豊かさ」も、可能な限り政策化しようとした。そのために多くのデータや目標値を挙げ、これを達成できるかどうかによってその成果を評価する。その限りで、それは客観的なものである。その上に立ってここでコメントしようとしたのは、心の豊かさや幸福について、日本人は世界の基準から見て、かなり不思議な状態にあるのではないか、ということを指摘したかったからである。

岩手県は幸福を政策化するにあたって県民は何を幸福と考えるか、県民意識調査を行い、「いわて幸福白書」(二〇二〇年)にまとめた。

判断事項としたのは、「健康、家族、家計、自由な時間、居住環境、友人関係、就業状況、自然環境、仕事のやりがい、職場の人間関係、治安・防災、地域コミュニティ、子育て環境、社会貢献、教育環境、地域の歴史・文化、その他」(なおこの順番はアンケート回答の重視する順番になっている)である。初めに指摘しなければならないのは、この調査では「幸福と感じている人」が過半数となり、感じないという人の一九・三%を大きく上回っているということである。ではなぜ自分は幸福と感じるのか。判断項目を見ると、上位の「健康七〇・八%、家族六八・八%、家計六三・八%」と、下位の「社会貢献九・六%、教育環境九・三%、地域の歴史・文化六・一%」との間の差はきわめて大きい。岩手県民は健康、家族など自分および自分の身の回りの状況にはとても敏感だが、社会貢献や教育環境、ひいては長期展望が重視する「地域の歴史や文化」といったいわば社会的な領域については、かなり関心が薄いことがわかる。なお、このような傾向は、実は岩手だけでなく、ほぼ全国的に共通している(「国民生活に関する世論調査」、内閣府、二〇一八年)ということも覚えておきたい。

幸福も真の豊かさも可能なかぎり数値化すれば、世界的にも比較できる。日本のそれがかなり異常な状態にあるのではないか、と言ったのは、実はこの世界的な比較の観点から評価を見るからである。国連の幸福度調査で日本は一五七か国のうち六二位(二〇二〇年)、ＯＥＣＤの調査では三六か国のうち実に三二位(二〇一九年)となっていた。世界の評価では日本は必ずしも幸福ではない。ここでは詳細は省くが、このような差が出てくるのは、国際的な調査では、幸福とは、日本のような個人環境にプラスして、困ったときに頼ることのできる親戚や友人がいる、さらにそれを担保する公的な仕組みがあるという社会環境[2]が大変重視されていて、この双方がそろわなければ幸福ではない。日本のように個人環境が社会環境を圧倒している社会の幸福あるいは心の豊かさは本物ではない、とみているからである。

先に見たように、長期展望の「閉塞感」の国際比較では、日本はこれまたとびぬけて「暗い」となっていた。多くの人が幸福という日本で、なぜこうも閉塞感が強いのか、都市政策の中でも最重要課題として考えてみる必要があるのではないか。

四　ハワードと大平の田園都市

都市再生とコンパクトシティ、東日本大震災の復興、そして国土交通省の長期展望は、様々な角度から日本の国土の現実と未来を写し出してくれている。さらに最近はこれに「現代的な都市論」が加わった。岸田内閣の掲げる「デジタル田園都市国家構想」である。これはＩＴ技術の進展を背景に、国土や都市を設計しなおすというものであるが、それに限らず、日本全体の停滞（経済だけでなく、科学や医療の分野あるいはジェンダーや投票率などの政治分野といったあらゆる分野で「劣化」が目立つ）を一挙に打破しようとするものである。デジタルを重視しようとする都市論は、これまでも「スーパーシティ」「スマートシティ」などとして語られてきたが、それらはいずれも単発的で、また国家の重要戦略としては語られてこなかった。しかし岸田「デジタル田園都市国家構想」は「デジタル庁」の設立（二〇二一年）とも併せて政権の重要課題として位置付けられようとしている。ここまで見てきた都市再生とコンパクトシティ、復興（今後の首都直下、南海トラフなどの大規模地震などのほか、大小無数の災害）、そして、二〇五〇年の長期展望の頂点にこのデジタル田園都市をおいて、一挙に国土・都市の改造を行おうとしているとみてよいのではないか。

デジタルの進展は今後避けることができない。子どもたちは今「スマホ」を片手に持って育つ。スマホに支配された都市は、今後急激に変化していくだろう。

しかしこのデジタル田園都市には、なんとも言えない「不安」や「可笑しさ」が付きまとう。それは、この構想には、実は「デジタル」はあっても「田園都市」が存在しないからである。かつての「田園都市」には、人々を「幸福」にし、「真の豊かさ」を実現しようとする強い意志と、さらに、これを具体的に示す設計図が存在していた。

田中角栄と大平正芳

戦後日本の中で、都市や国土のあり方を、政権の政策として真正面から打ち出したのは第3章で見たように、「日本列島改造論」を打ち出した田中角栄と、その盟友でありながら日本列島改造論とは正反対の「田園都市論」を打ち出した大平正芳であった。なお、そのあとの中曽根康弘も「規制緩和」(容積率の緩和や民間活力の導入)などによる都市改造を行ったが、それは日米貿易摩擦勃発後のアメリカ側の内需拡大要請に基づくものであり、かならずしも将来に向けての明確なビジョンを持ったものではなかった。

田中と大平の都市論は、人口グラフに基づいていえば、まさに日本の人口(経済)がウナギ昇りの時代のことであり、この成長に乗っかり、かつそれを促進した田中の勝利は圧倒的であった。大平のそれは田中の改造論による地価高騰あるいは自然破壊に対する抵抗としての意味はあったが、そもそも肝心の大平の急逝などもあり、政権政策として実施されることがほとんどないまま姿を消した。しかし今日の人口減少と成長の停滞、さらに物の豊かさよりも心の豊かさを求める人の増大、そして客観的にも無居住地区の増大すなわち自然への復帰などを見ると、いかにも長期展望の「真の豊かさ」は、この「田園都市論」と共振するところが大きいのではないかと思われるのである。

土地所有権論に関していえば、先にも少し触れておいたが、田中も大平もその政策を実現するにあたって、ともに「絶対的所有権」に対して強い違和感を表明していた。田中が公共事業を遂行するにあたって、強い所有権はいわば公共事業を阻害する「敵」であった。大平にとっても、強い所有権による個人の自由な土地利用は、地域的な土地の共同利用を必然とする田園都市にとってこれまた「敵」であったのである。

では大平の田園都市とはどのようなものであったか。先の岩手県の幸福論のきっかけとなった宮沢賢治の幸福論と、そのヒントとなった元祖「田園都市論」とでも言うべきイギリスのエベネザー・ハワードの理想を追求した都市「レッチワース」から学んでみよう。大平もたぶんこのような情報を見聞きしながら「日本版田園都市」を構想したのであろう。

岩手県知事達増拓也が大震災に直面して、とっさに復興の目標を「幸福」に決めたのは理由があった。それは岩手県のいわばヒーローであり、県民が敬愛してやまない宮沢賢治の「世界がぜんたい幸福にならないうちは個人の幸福はあり得ない」という言葉が、命奪われ、都市のすべてが破壊しつくされた現地の中で、「真理」として体中を貫いたからではないか。

宮沢は人間と自然の共生をテーマとして、たくさんの詩や小説を残した。特に彼にとっては「農業」が大きなテーマであったが、都市についても強い興味があったことがその遺品からうかがえる。宮沢の最も有名な、例の「雨ニモ負ケズ」はいわば遺言となったものであるが、実はその詩が書かれた手帳の裏表紙にイギリスの都市計画家エベネザー・ハワードの田園都市の「三つの磁石」を模したと思われるスケッチがあったのである。宮沢はハワードの本を熟読したわけではない。もちろん現地を見たわけでもない。たぶん彼が大変興味を持っていたイギリスのウィリアム・モリス(一八三四―一八九六)の「アーツ・アンド・クラフツ運動」から学んだのではないか、と言われている。宮沢はまとまった都市論を書くことも、また実現することもなかったが、彼の幸福論は岩手県の復興目標に採用された。

ハワードのレッチワース

では、ハワードの田園都市とはどのようなものか。

イギリスの田園都市は、実は日本にとって縁遠いものではない。東京の田園調布はこの田園都市をモデルにしたものであり、戦後、大平正芳の「田園都市論」の源泉ともなっていたはずである。

「田園都市」は、ハワードの『明日の田園都市』(*Garden Cites of To-morrow*, 1902)で唱えられた。一八世紀はイギリスで産業革命が開始された時期であり、農村から都市の工場へ、多くの農民が労働力として駆り出された。しかし、当時のイギリスの都市は彼らを迎え入れる準備がなく、過密で劣悪な住環境のもとで暮らさざるを得なかった。住宅の貧困だけでなく、都市もストーブ暖房用の石炭の煙、馬糞、し尿などの「公害」できわめて不衛生であり、多くの人が健康を害した。これを見たハワードは、貧しい労働者をこのような悲惨な状態から解放し、健康な心身を取り戻すために、その受け皿としての新都市の建設を構想し、彼らを受け入れようとした。

彼の理想は「都市と田園との結婚」であり、具体的には市街地の周りにグリーンベルトを配置し、市街地内部には居住スペースと職場たる工業地域、また学校や商店といった生活施設を配置し、「職住接近」の新しい都市を創ろうとするものであった。この初歩的なイメージが「三つの磁石」として描かれ、それをどこかで宮沢賢治が見たのであろう。

ハワードはこの理想の都市を「田園都市」と名づけ、ロンドン郊外のレッチワースに実現した。ではレッチワースとはどのような都市か。ここには今日の日本でも参考になる様々なアイデアが実現されている。

レッチワースは、人口はおよそ三万人、日本でいえば小さめの「市」程度である。市街地部四〇五ヘクタールと周辺の二〇二五ヘクタールの大きさである永久農耕地には二〇〇〇人が予定された。この周辺部の農地が「グリーンベルト」と呼ばれるもので、ここは牧場、農耕地、果樹園となっている。グリーンベルトは、第3章のイギリスのところで見たように、日本でも関東大震災時、当時の復興院総裁後藤新平により構想されたが、地主の反対により失敗した。イギリスでは都市の膨張を防ぎ、農村と都市との共存(結婚)を図るものとして実現されたのである。

市街地の「住宅」は一区画約七三坪で五五〇〇区画であり、あらゆる階層の要望に応えられるように、単身用、家族用、障碍者などのための戸建て住宅と高齢者などのための共同住宅がある。日本のかつての住宅公団の団地あるいはマンションなどに見られるような、すべて「2LDK」あるいは「ワンルーム」といった「画一性」は全くなく、都市の住居にふさわしい多様性がみられ、年齢や個別条件に応じて住み替え可能となっている。人々の人生には、生と死があり、その間、生活の仕方も変化していくからである。それは次に見るように都市全体を、強い結束力をもつ共同体として作るという構想の必然であった。

そしてここからがまさしく「田園都市」の真骨頂を示すユニークな都市づくりとなる。

第一に、レッチワースの土地は田園都市株式会社が所有し(田園都市建設の理想を持つ有志が購入。一九九五年、レッチワース田園都市ヘリテージ協会に移転。会社は地代を徴収する)、個人の土地所有権は認めない。個人は借地か借家である。利用者はここに居住し、原則ここで働く(外に仕事を持つ者もいる)。会社は住民の日常生活を維持管理し、都市のインフラを整備し修繕していく。つまりここでは、土地は個人で所有せず土地全体を共同で利用するという、第5章でみる「総有」が実現されているのである。このような土地利用形態の当然の結論であるが、土地賃貸料などの開発利益はすべてコミュニティに還元され、誰か特定の個人や会社に帰属することはない。

第二に、ここでは都市の経済的自立が目指され、工場などが誘致された。居住と仕事を一体化しようとしたのである。日本では居住地と仕事場が遠く離れていて通勤に体力と時間を費やすが、ここではそのような無駄は発生しない。レッチワースは大きな目で見ると、一つの自治権をもつ共同体であり、この経済的自立も個別居住者の自立だけでなく、共同体全体の自立として考えられているのである。

第三に、都市は美しくなければならない。ハワードはこの都市をどのように設計するか、コンペを行いバリー・パーカーとレイモンド・アンウィンを選ぶ（一九〇四年）。彼らは、レッチワースはどこよりも美しい都市でなければならないと考えた。ここの緩やかな丘陵地に、まず道路、ロンドンと結ばれる鉄道、中心部街区、公会堂、学校、宗教施設、ホテル、緑地、公園、郵便局、市役所などの公共施設を配置した。住宅と職住一体のための印刷、木工などの工場の立地計画をつくる。これは「美」の観念をすっかり失ってしまっている日本の団地やマンション群と比べて本質的な違いと言えよう。

レッチワースの「美」とは何か。アンウィンらは「イギリス中世田園集落のデザイン」がふさわしいと考えた。ちなみに、レッチワースの街並みを動画や写真で見られたい。そこにはまさしく「中世」（イギリス人の故郷のイメージ）が再現されている。四角いビルも、メーカーごとに

(上)レッチワースのシティセンター
(下)レッチワースの住宅地
(いずれも渡辺勝道撮影)

バラバラなデザインの建売住宅も見られない。一見して、建物はもちろん街路や庭までが実に人間的だということがわかるだろう。ここでは詳細なデザインコードが定められている。「建築材料と形状、屋根やタイルの形、煙突の様式、ドアや窓枠の形、ポーチ、自動車駐車場」などに対して、細かく「色調、前庭、美観、樹形」などのコードが決められている。

第四に、一つの田園都市が計画人口に達した時点で、少し隔たったところに第二の田園都市を建設し相互を鉄道で結び、母都市を中心とした複数の田園都市による都市圏を構成する。つまり、一つの都市として孤立するのではなく、人口増などを勘案しながら、連鎖的に拡大し、つながりながら大きな「都市圏」を創るというのである。これも切れ目なく横にスプロールして広がっていく日本の都市とは大いに異なる点である。一つひとつの都市がそれぞれ自治を持ち、自立しながら連鎖していくという構想は、田中の日本列島改造論とも全く異なっていた。大都市東京と地方を新幹線や高速道路で結ぶ仕掛けは、双方の交流によって互いに豊かになるというふれ込みとは全く異なって、いわゆる「ストロー効果」、すなわち東京が地方の人や経済を吸い上げるという形でさらなる一極集中をもたらした。ハワードは、それぞれの地域が自立すること、これを連鎖させることによって分権型国土の形成を目指したのである。

なお、最後に、この田園都市については次の二つを付け加えておきたい。一つはこのハワードの試みが、後にアトリー内閣により「ニュータウン法」（一九四六年）として、国家政策に採用されたことである。もう一つは、このハワードの実験は日本にも紹介され、駅を基点として町を創るという新しい発想の参考にされた。関西では阪急東宝グループの創業者小林一三《いちぞう》の池田駅近郊の開発が田園都市の嚆矢といわれる。東京では起業家渋沢栄一が東京田園調布に「理想の住宅都市[3]」を建設した。箱根土地株式会社の堤康次郎が東京国立市に建設した「理想の文教都市」はドイツの田園都市ゲッティンゲンをモデルにしたもので、駅を基点として広がっていく構想は似ている。しかし、それらはいずれも表面的なもので、肝心のハワードの総有的土地所有は無視され、個別分譲地として開発された。そのため、高度経済成長以降の日本の土地問題、つまり地価高騰の影響や高額な相続税負担などを受けて、敷地の細分化あるいはマンション建設による環境破壊などに見舞われるようになった。田園調布や国立はいまだ「高級住宅街」「おしゃれな町」などの雰囲気を残しているが、レッチワースのような共同体のイメージはほとんどない。総有と個人所有の差は町の形態だけでなく、「一体感」の差ともなって表れてくるのである。

大平正芳の田園都市

ハワードの田園都市は、このように当時の開明的な起業家によって一部日本でも実現されたが、戦後高度経済成長の中でほとんど忘れられていた。しかし、これがひょんなことから「国家政策」として採用されるようになった。立役者は内閣総理大臣大平正芳である。大平は一九一〇年に香川県に生を受け、大学時代から、キリスト教に関心を持つかたわら、経済学研究に取り組み、資本主義社会の中で、資本家と個人の間に立ち、かつ自治的機能を有する「組合」への興味を抱いていた。大学卒業後大蔵省に入省し、徐々に「田園都市」の理想に触れていく。そしてこれを自らの政策として発表したのが、一九七二年九月、自民党の派閥「宏池会」の議員研修会の場であった。田中角栄の「日本列島改造論」が猛威を振るうようになった時代である。

田中の改造論は、先にも少し紹介したように新幹線、高速道路、港、空港などのインフラにより新産業都市（新産業都市建設促進法、一九六二年。大都市の周辺・太平洋ベルト地帯に拠点開発として戦後の新しい産業の集積を図る）と大都市を結ぶという構想で、戦災による荒廃した都市の中での苦難な生活を強いられてきた都市の住民にも、また田中の故郷である新潟のように豪雪によって長期間家に閉じ込められ東京への出稼ぎを強いられてきた「裏日本」の住民にとっても、まさしく「目から鱗」のように明るい未来への期待を抱かせるものであった。現にこの頃から国民一人ひとりが「マイホーム」を持つことができるようになる（個人的所有権の確立）。それは「豊かさ」や「幸福感」を与えるものでもあった。

しかし現実に目を向けると、この大改造は、新産業都市や大都市での大気汚染といった公害問題の激化、物価の上昇、何よりも地価の高騰、そして都市と地方の格差拡大といった社会的不安を高めることになった。先に紹介した司馬遼太郎の憂いは、田中の日本列島改造論に発した「地価高騰」を目の当たりにしたことから始まるのであるが、その危機感は大平も同様であり、田園都市論の主張には「潮の流れを変えよう」とする彼の固い決意が込められていた。「国民の希望にこたえ、この四つの島に、自然と調和したバランスのとれた人間社会をつくり出さなければならない。それは激しい都市化傾向を防ぎとめる自動復元装置を持ち、農山村と都市のメリットが調和した形で活かされる社会である。すなわち農山村に住みよい環境と就業機会を作り、これを豊かな田園に変え、その田園を都市にも導き入れた、いわば新しい田園都市国家である。この田園都市国家は決して今後の経済成長を否定するものではない。それは相互に相補う生産性の高い工業と農業が、また都市と農山村が高次に結合された社会である」

ここには、大平流の「幸福」「真の豊かさ」があふれ出ている。しかも、田中流の成長幸福論とは異なって、自然との接近が見えている。このアイデアは、大平の政権獲得後の実現のために「田園都市構想研究グループ」(議長：梅棹忠夫国立民族学博物館長)によりその政策化が追求された。そこでの提言は今見ても実にみずみずしい。

都市に田園のゆとりを、田園に都市の活力を

多様な自発的想像力を尊重

二一世紀初頭までに、人間と自然の調和、人と人との心のふれあいのある総数二〇〇～三〇〇前後の個性豊かな地域社会

コンクール方式によるまちづくり

大都市で生まれた人にとっては故郷、地方から出てきた人にとっては共有の広場

大都市にはオープンスペースが必要。そのために「総合土地所有権」の新設

地方の時代

文化の時代の到来

これらは、人口減を迎えた今日でこそ、採用されるべき思想であり政策ではないか。

しかし、それらは実を結ぶことなく、一九八〇年大平の急逝によって頓挫する。その政策は「第三次全国総合開発計画」(一九七七年、福田内閣)に、「限られた国土資源を前提として、地域特性を生かしつつ、歴史的、伝統的文化に根ざし、人間と自然との調和のとれた安定感のある健康で文化的な人間居住の総合的環境を計画的に整備」するという「定住圏構想」として採用されたが、これを具体化する政策、法律、財源などの手当てがほとんどないまま、次の中曽根内閣の開発を推進する「多極分散型国土の構築」をうたう「第四次全国総合開発計画」(一九八七年)に飲み込まれ消えていった。

ちなみに、田中は日本列島を改造するために、国土総合開発法、道路法、河川法、建築基準法、都市計画法、区画整理法、都市再開発法、道路整備特別会計法、日本住宅公団法、日本道路公団法、建築士法など、多くの法律を自ら議員立法として、あるいは政府有力者として立案・関与したが、大平にはそのような業績は見られない。早すぎた逝去がそのための時間を奪

ってしまったのである。

土地所有権に戻ろう。先に見たように田中も大平も絶対的土地所有権には閉口していた。田中の「土地収用法」(一九五一年。一九六七年改正)や大平の「総合土地区分所有権」(ただしその内容は必ずしも明確ではない)などで、この「屈強な敵」に対する戦いを宣告したが、それは法的位置付けや内実を伴わないものであり、やがていずれもバブルの波に飲み込まれていった。第2章の日本土地所有権史でみた「天下の一大事」論から言えば、それはまだ権力・統治機構を揺るがすものではなかった、ということであろう。

五　デジタル田園都市

ところが大平逝去から四〇年、ハワードのレッチワース着工から約一二〇年、田園都市は不死鳥のようによみがえる。それは現代のITの進化を受けて「デジタル田園都市」と呼ばれる。主役は大平が率いた「宏池会」の現会長である岸田文雄(一九五七―　)。岸田は二〇二〇年に実施された自民党総裁選挙で発表した「岸田ビジョン」(講談社刊)の中で「大平死去から四〇年たった今もまったく色あせることなく、より今日的な国づくり、地域づくりの道標となるもの」としての田園都市のイメージにIT・デジタル化を上乗せして新たな「デジタル田園都市」を創るというのである。

二〇二一年、総理大臣に就任した岸田は、さらにその構想を進化させ、具体的な政策を打ち出そうとしている。

もう一人は二〇二一年二月当時、デジタル改革担当大臣であった平井卓也（一九五八―　）である。彼が委員長を務めた自民党デジタル社会推進特別委員会（事務局長・牧島かれん）では二〇二〇年六月に「デジタル・ニッポン２０２０～コロナ時代のデジタル田園都市国家構想」を公表した。報告書では、当面のコロナ禍の影響を踏まえつつ、災害、生活、経済、医療、働き方、娯楽、教育、政治・行政といった多分野において、ＩＴ・デジタル化が果たす役割と、目指すべき社会的システムの構造変革について、一〇年後の二〇三〇年を見据えた予測図を示し、これを擁護、理論化、政策化していく、というのである。そこには、ＩＴ・デジタル化の可能性や課題、また変更や緩和を行うべき政治・行政や諸規制のあり方についてもこと細かく記されている（次ページ図４―２）。

事実、この公表に合わせるかのように、二〇二〇年からのコロナ禍により、「テレワーク・リモートワークの推進」はいつの間にか日常となった。働き方を含めて、全く新しい時代を創り始めたかのように見える。また都市論でいえば「一極集中」の緩和につながる地方移住のような傾向も目立つようになってきた。

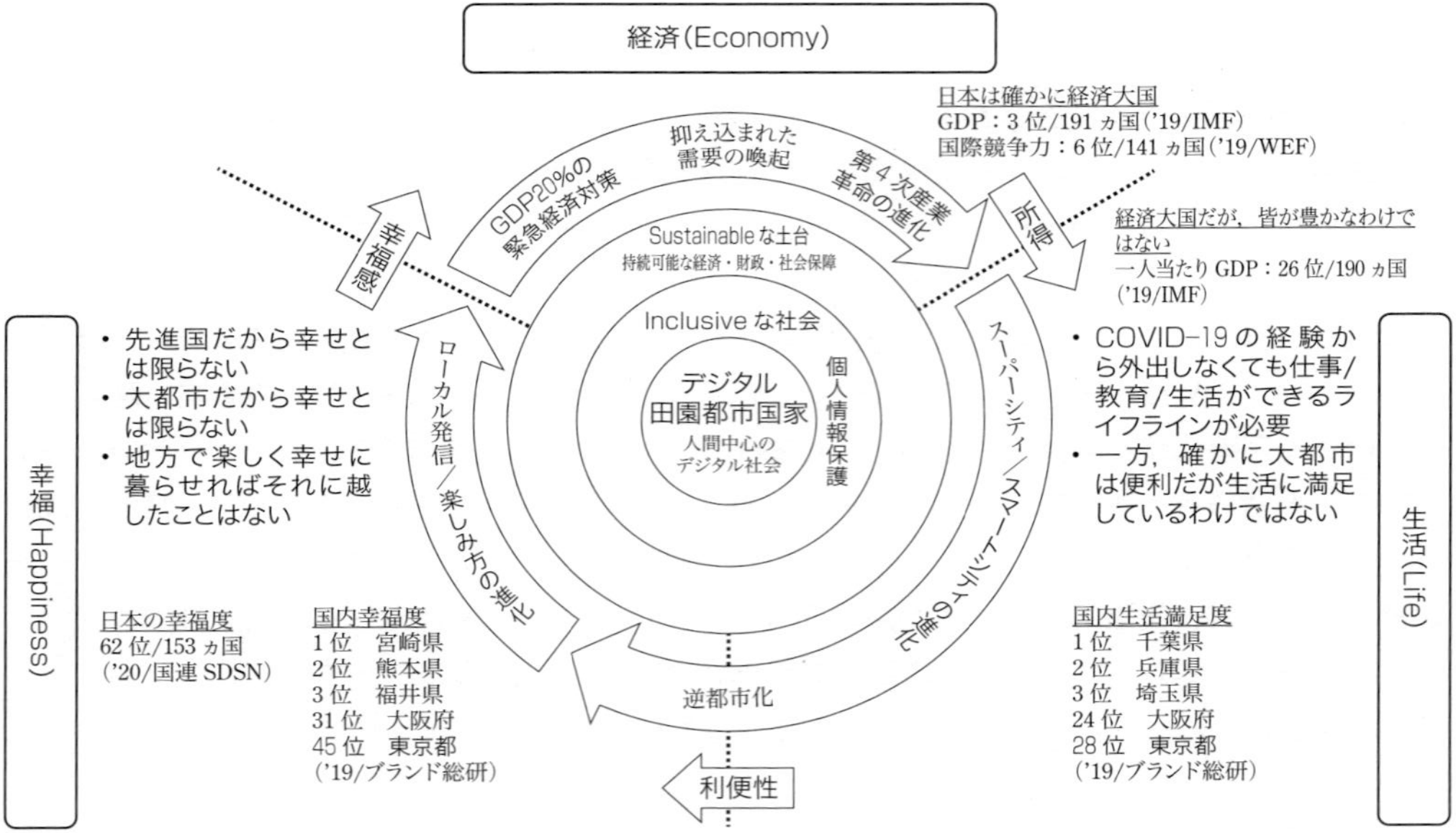
経済(Economy)
日本は確かに経済大国
GDP：3位/191ヵ国('19/IMF)
国際競争力：6位/141ヵ国('19/WEF)
GDP20%の緊急経済対策
抑え込まれた需要の喚起
第4次産業革命の進化
幸福感
所得
経済大国だが，皆が豊かなわけではない
一人当たりGDP：26位/190ヵ国('19/IMF)
Sustainableな土台
持続可能な経済・財政・社会保障
Inclusiveな社会
デジタル田園都市国家
人間中心のデジタル社会
個人情報保護
幸福(Happiness)
・先進国だから幸せとは限らない
・大都市だから幸せとは限らない
・地方で楽しく幸せに暮らせればそれに越したことはない
ローカル発信／楽しみ方の進化
スーパーシティ／スマートシティの進化
生活(Life)
・COVID-19の経験から外出しなくても仕事/教育/生活ができるライフラインが必要
・一方，確かに大都市は便利だが生活に満足しているわけではない
日本の幸福度
62位/153ヵ国
('20/国連SDSN)
国内幸福度
1位　宮崎県
2位　熊本県
3位　福井県
31位　大阪府
45位　東京都
('19/ブランド総研)
逆都市化
利便性
国内生活満足度
1位　千葉県
2位　兵庫県
3位　埼玉県
24位　大阪府
28位　東京都
('19/ブランド総研)

図4-2　デジタル田園都市構想
(出典：「デジタル・ニッポン2020～コロナ時代のデジタル田園都市国家構想」自由民主党デジタル社会推進特別委員会，2020年6月)

さらに、最近このようなデジタル都市を目指す大きな実験が開始されようとしている。デジタル都市の未来を示す一つの例として紹介しておきたい。

トヨタ「ウーブン・シティ」

デジタル都市はもう夢の物語ではなくなった。日本の最も有名な企業であるトヨタは、二〇二一年二月、静岡県裾野市の約七一万平方メートル(東京ドーム約一五個分)に様々な先端技術を集めた実験都市「ウーブン・シティ」の建設に着手した。二〇〇〇人の居住を予定しているという。報道によると三種類の道路(車両専用道路、プロムナード、歩行者専用道路)を網の目のように織り込み(ウーブンの由来)、各区画には住居や様々な建物を建築するとのことだ。

デジタルに関連して注目されるのは、

建物をカーボンニュートラル(炭素中立)な素材で作る
屋根に太陽光発電パネルを設置する
燃料電池などのインフラを地下に設置
室内用ロボットの検証
センサーデータやＡＩ(人工知能)の活用(健康チェックなど)
e-Paletteを人や物の輸送、移動店舗などに活用

街の中心に公園や広場をつくり、住民同士がつながりあうコミュニティ形成とされていることである。この都市は先端技術者を集めながら順次創り上げていくというのであるが、完成時どのような姿になるのか今のところよくわからない。しかし世界最先端のデジタル都市として世界中の注目を集めていくのは間違いないだろう。

六　田園都市と「縁」

岸田の「デジタル田園都市」とこのトヨタ「ウーブン・シティ」には、大きな共通点と同じく大きな相違点とがある。共通点とは言うまでもなく、双方とも「デジタル」を今後の都市づくりの主力武器と考えている点である。「スマホ」には小さな箱の中に「宇宙までも含むすべてのあらゆる情報」が詰めこまれていて、誰もそれなしには一日も生きていけないような時代となった。スマホは大都市東京でも、消滅が予想される自治体でも、さらには離島や農山村でも今後不可避的に浸透し、世界と結ばれる巨大インフラとなるだろう。したがってそれなしには未来を語ることができないというのは誰も否定できない万人の共通認識である。

しかし、岸田デジタルとトヨタのそれには相違も見られる。岸田のデジタルには「田園都市」とネーミングされているように、いわば既存の都市を前提に、個人個人の便利さや機能の拡大だけでなく、大きなロジックとして地方都市をデジタル化によってより豊かにし、東京極集中を抑制しながら人々と自然の共存を模索していくというイメージがある。しかしトヨタのそれは、いわば都市を舞台にしてデジタル化を極限まで詰めていく実験のような感じもする（ただしこれは現在までマスコミに公表されている情報を基にしただけで誤解かもしれない）。しかしトヨタも「シティ」と言っているのであるから都市を目指していることには変わりなく、それは田園を消去したまさしく「デジタル都市」そのものを目指すということであろうか。

このような問いを立てる際、私たちはここに見たようないわば表面的な共通点と相違点だけでなく、二〇五〇年までの「二一世紀半ばの日本の姿」、あるいは人口が大正期のレベル、現在の人口の約四〇％になると予測されている二一〇〇年、という長期的で骨太な文脈の中で、その本質を深く考えてみる必要がある。そこでもう一度、ハワードの田園都市レッチワースと大平正芳の田園都市を振り返ってみたい。

分離型都市のイメージ

ハワードがレッチワースという新都市を創ろうとしたのは、旧来のイギリスの都市が公害や不衛生な状態にあって労働者が貧困と病に悩まされているのを見て、労働者に安心で健康な暮らしを与えようとしたからであった。大平田園都市も、田中日本列島改造論により諸都市が公害に侵されかつ地価高騰によって荒廃するのを見て、人々が自然にくるまれて豊かな都市生活を送るためにどうするかということを考えた末の所産であった。しかし岸田とトヨタ双方の「デジタル都市」には、現在の便利さ豊かさをさらにレベルアップしていくという発想はあっても、弱者・困窮者を救済・共生していくというイメージはほとんど浮かんでこない。

ハワードと大平には個別都市論だけでなく、例えばハワードはレッチワースを起点に連環していく都市のイメージが、大平には総数二〇〇〜三〇〇の人と人との心の触れ合いのある地域社会といった、分散型の都市イメージが構想されていた。しかしデジタル都市は現在の一極集中という現実をそのままにしていて、分権や分散を強化していくという方向性も見られない。

分散型あるいは分権型都市を創るためには、何よりもそれぞれの都市が経済的にも文化的にも自立・自治している必要がある。ハワードはそのため市街地をグリーンベルトで囲み、農作業やレクリエーションはこのグリーンベルトで、市街地内部では住居と工場を隣接させ職住一体の都市を目指した。大平の構想ではこのような都市のイメージは定かではないが、後に三全総で定義された「定住圏構想」すなわち「人間と自然との調和のとれた安定感のある健康で文化的な人間居住の総合的環境」を見れば、そこにはハワードと同じような思想があったことは間違いないであろう。

しかしハワードにあって大平にないものもある。それはハワードは、この自立・自治を保障する様々なアイデアを具体化したということである。先に見たようにレッチワースの土地は「田園都市株式会社の所有」であって個人個人に分割されない。土地利用の方法は田園都市にふさわしい品格と美しさを持つよう周到に計画され、かつ厳格に規律が守られている。またそこで得られる地代・家賃などの収入はすべてレッチワースの収益として地域住民に還元される。大平田園都市にはこのような都市設計図がない。また大都市のオープンスペース確保のための「総合土地区分所有権」の提案はあったが、田園都市内部の土地所有権のあり方や、都市の運営や利益の還元など、さらには自立・自治などにもほとんど言及されていない。これは主としてそこに至らないまま大平が急逝したということであって、それらが不要ということではないのだろう。

ところが、「デジタル都市」には都市と言いながら、現在のところ(いつか具体的に制度設計が進むのかもしれないが?)このような自立・自治の構想はほとんど見られないのである。仮に、現在の個人の絶対的所有権に手を入れないでデジタル化を進めるとすれば、超高層と木造二階建てが併存する大都市、延々と横に広がる都市、そして無居住地区や空き地・空き家が放置される都市の中で、パソコンやスマホを高度に駆使する新住民が居住して働いている「都市」というようなことになるのではないか。

コミュニティの力

政府の長期展望でも、また自治体の復興論でも、都市づくりの最終目標は「真の豊かさ」「幸福」を求めるというものであった。ハワードや大平は、その原点として「人と人とのふれあい」を説き、ハワードはこれを一つの自治をもつ共同体として実現した。日本ではむしろ渋沢栄一の東京田園調布あるいは堤康次郎の東京国立市のように、共同体とまではいかなくとも「地域の一定のまとまり」を志向していた。これに対し、田中にも大平にもこのような新たな共同体の形成というような志向はあまり見られない。戦前日本では、町内会などの結束は固かったが町内の長(ボス)による「封建的な支配力」が強く、日本の軍国主義を底辺で支えたという歴史がある。その反省から戦後日本国憲法による基本的人権の保障のもとで、このような封建的な結束の解体が叫ばれ、人々は基本的人権の保障された自由人、つまり「市民」となった。列島改造論も大平田園都市構想もその延長上にあるからであろうが、このような地域の結束は敬遠されているようにも見える。

しかし、おそらく「真の豊かさ」や「幸福」は国連やOECDの基準のように、個人の自由だけでは獲得することができない。それを最も強く教えてくれたのが「復興」であった。

話は、また東日本大震災の復興に戻る。

災害は甚大な被害の発生によって、人々の生き方と死に方の問題を、鎮魂、避難そして復興という極端な形で突き付ける。復興すなわち都市の再建は、これに対する回答を探し求める旅でもあったのである。言い換えれば災害復興は、「真の豊かさ」や「幸福」といったものを探し求め続ける作業でもある。

東日本大震災の復興に対する評価は二つに分かれる。一つはもちろん成功と自賛するものであるが、もう一つは失敗であるというものである。注目すべきは、近い将来東日本大震災よりもはるかに大規模な地震と津波被害に見舞われると予測されている「南海トラフ地震の想定地」高知県からの批判であった。

高知県は、被災地では「二一世紀半ばの日本のあるべき姿」の設計についての事前準備がないまま震災発生後慌てて対応した(しなければならなかった)とみる。そのため復興の主体と位置付けられた住民の参加は、なおざなりなものになった。役所も住民も震災発生による緊急避難から始まって、インフラの復旧、寝る場所と働く場所の確保など、毎日毎日、目前の事態処理に追われて将来の生活・都市設計などほとんど考える余裕がなかった。その結果が、今のような防潮堤によって様々に分断されたバラバラな都市になった。このような事態を避けるため高知県が取り組んだのが「事前復興計画」の策定である。「事前復興計画」とは「発災後の甚大な被害を想定し、迅速かつ円滑な復興まちづくりの検討や対策を平時(発災前)に準備する取組」を言う。それは「地域住民等との協働で、地域の目指すべき将来像や復興の基本方針を平時のうちにまとめた」ものである。

計画策定はまず地元の組織作りから始められる。住民が主役というのは、個々人がバラバラに意見を言うことではない。住民組織がつくられ、住民はここでの勉強あるいは対話、見学、訓練などの中から、まちづくりの全体的な方向をまとめていかなければならない。

この組織づくりや全体的な方向づくりにあたって、高知県はまず「自助が大前提」であり、次いで、「共助」（地域縁、職場縁（会社）、人愛縁（知人・友人）、互助縁（ボランティア）、共住縁（集合住宅））がある。そして最後に「公助」、すなわち国・自治体、あるいはNPO・NGOの出番となるとした。今回の震災復興と比べてみて、目につくのはこの「共助」部分である。第3章でみた都市計画の中で、被災地では復興マスタープランの策定では大いに頑張ったが、いざ事業実施の段階になると描かれた理想や希望がガラガラと崩れていった。政府の法律、財源、そして復興庁などの組織と、バラバラに分断された住民の力関係の差は圧倒的である。これを住民側からの視点で見ると、この高知県の三分類はわかりやすく、今後の方向性をくっきりと示している。

自助はあらゆる物事の前提であるが、一人ひとりではなすべきことの大きさに比べてあまりにも弱体である。とりわけ災害時に自分自身の生活設計だけでなく他人との利害関係が絡まり、かつ法律や財源などシステムそのものと対応しなければならないまちづくりは、個人の限界を明確にする。他方、公助、特に国や自治体の支援はもちろん強力であり必要不可欠なものである。ただしそれらは往々にして、彼らこそが復興の主体であり、住民は救助の対象でありその恩恵にあずかるだけの存在になりがちである。共助はその中間にあって、まちづくりに創意工夫をこらす生き生きとした運動体であり、それこそが「幸福」や「真の豊かさ」を創り出す原点になるというのがそのシナリオである。

「縁」とはこの共助をつくるきっかけであり、それが組織に育って、復興の推進役にならなければ、真の豊かさや幸福をもたらすことにはならない、というのが高知県のアピールである。「縁」は今日では大きくコミュニティなどと言ってもよいだろう。

しかし、縁の形成は口で言うほど簡単なことではなく、それはデジタル技術の発展などよりもはるかに難しい日本最大の課題と言ってもよいのではないか。そこには「日本の分断社会の現実」が赤裸々に反映するからである。

大都市は第1章のマンションで指摘したように、マンション内部の上下左右の人と関わらない。災害時には共に助け合わなければならない地域住民ともほとんど挨拶すらしない。コロナによる三密の禁止と自粛生活、テレワークの普及などは、この分断を加速させる傾向を持っている。デジタル化の進展は、情報通信技術の発達により、これまでよりけた違いの交流を生み出すが、他方で隣の人の「孤独死」には一向に関心を示さないという「交流の欠落」を生み出してもいるのである。分断は人々に不安やストレスを与え、それはそのレベルにとどまらず、虐待、引きこもり、自殺の増加などとして現れてきていることも周知のとおりである。

国交省「長期展望」で見た若者の「閉塞感」もこれと深く関わっている。

高知県の事前復興計画論の自助、共助、公助の中での「地域縁、職場縁、人愛縁、互助縁、共住縁」の強調は、人と人との直接的なつながりを要請する。それは急に人工的に作り出せるものではなく、普段の日常の生活の中で培われていくものである。

ハワードは一九世紀後半から二〇世紀にかけてイギリス・レッチワースに田園都市を実現させた。大平正芳「田園都市論」は、これを二〇世紀半ばの日本で実現しようとした。そこには「縁」がある。そして二一世紀岸田「デジタル田園都市論」はいかにも現代的なデジタルを採用しているが、人々にとって最も必要な「縁」あるいは「コミュニティ」にほとんど言及することがない。おそらくこれが都市再生やコンパクトシティを含む政府都市論の致命傷なのである。

第5章　現代総有——土地所有権と利用の新しい形

一　「商品」から「幸福」へ

司馬遼太郎の土地「公」有論

司馬遼太郎が晩年、当時の異様な地価高騰と人心の荒廃を見て、これは「第二次大戦の危機」を超えるかもしれないという不安と警告を発したことは、すでに何度か触れた。司馬にとってこの解決は次の世代に対する「遺言」のようなものであったことは、当時頻繁に行った著名人・専門家との対談や、一般市民向けの講演などで明らかである。

ではどうすればよいか。彼の問題意識はこうである。地価高騰の原因は「土地所有権の私有制が元凶である。したがってこの私有制を廃止しない限り土地の病気は治癒できない」。そこで司馬は続ける。「日本の土地は公有にすべきだと思うようになりました。国家の「公」というものではなくて、我々の仲間という意味の軽い「公」で、共有しなければならない。それでなくては日本の異常な土地の私有は止まらない」というのである。

第2章の日本の土地所有権史の検証の中で、日本の土地は圧倒的な外圧や国を揺るがすような「天下の一大事」によって、権力・統治者が、人民との共存（生かさず殺さず。農地占有の満足感と引き換えに役務や軍役などを負担させる）を図るために、様々な改革を行ってきたことを確認した。そして、古代から江戸時代までの権力者と人民との身分制に基づく封建的な関係に対し、明治の「近代的土地所有権の確立」は、この関係を根本的に改めるものであった。それまでは基本的には「権力に対する人民の隷属という関係の中での土地」であったものを、大枠では「天皇の支配」のもとでという制限はあるものの、とにもかくにも土地を臣民の「権利」として認め、権力によって理不尽に生活や生産の基盤を左右されないことを保障しようとしたものとして「画期的」であったのである。特に農業者にとって土地を所有することは、生産物は自分のものであるということであり、満足感や幸福感を充足させるものとして歓迎されたといってよいであろう。戦後、この所有が権利であるという満足感や幸福感は、高度経済成長のもとで農民だけでなく全国都市住民に拡大された。

しかし、特に権利を保障した明治憲法の制定以来およそ一三〇年あまりたって、この土地所有による満足感や幸福感は、まさに正反対の「負動産」になりつつある。土地は放置しても自然に値上がりしてくれる財産から、所有していること自体が面倒で負担ばかりになるというマイナス財産となった。最近しばしば、土地は無料でも「もらってくれる人」がいない、もっと言えば、土地所有者の方でなにがしかの「プラスアルファ」を支払ってでももらってくれる人を探しているという話を聞く。バブル時代などと比べるとこれは驚天動地とでも言うべきもので、ほとんど漫画チックな世界の幕開けとなったのである。

もらう人(新所有者)側から言えば、もらい得というよりは、空き家の撤去、過去の共益費や固定資産税の清算、登記手続きの負担、そして将来の土地利用の可能性などを考えると、少々の「プラスアルファ」をもらっても採算が取れないというのが実態なのである。

困ったことにこのような現象は全国いたるところで見られるが、しかしすべてではないということである。東京など大都市の商業地域、高級住宅地などは今でもバブル時をはるかに超える地価となっている。いわゆる「億ション」といわれる高額マンションは、コロナ禍の現在でも好調な売れ行きを示してきた。金のなる木としての土地と、厄介物でしかない土地が極端な形で並存しているのが日本の実態なのである。

これをどう見たらよいのだろうか。資本主義の法則どおり、近代的所有権が「商品」となってしまったことの論理的で究極的な姿なのであろうか。人々にとって権利とされた土地所有権は、最も高額だが、生存の基盤というよりも、ただの商品に過ぎない。人々は住宅を購入しようとするとき、その値段、職場までの距離、そしてプライバシーの確保など、自分を取り巻く直接的な環境についてはきわめて鋭敏になる。もちろん子どもの教育のための学校、健康のための医療機関の存在やその質は商品を選ぶにあたって欠かせないものである。しかし自分の購入しようとしているマンションが周辺にどのような影響を与えているか、目前にあるシャッター商店街をどうしたらよいか、高齢者や障碍者はどのような暮らしをしているのか、将来この町をどうしたらよいかなどということにはほとんど関心を持たない。一方で地域の中に「児童相談所」や「保育園」「老人施設」が建設されるというような情報に接すると、「地価が下がる」「騒音などが心配」「地域の品格が落ちる」などという理由で猛烈な反対運動が起こることがある。これは何よりも「商品」としての価値が下がることに対する反発である。

不思議なのは、この商品は購入したとたんから「死」が始まるということについて、ほとんど自覚がないことである。第1章で見たように、マンションの建て替えは現行区分所有権のもとではほとんど不可能であることに気が付かないのか、わかっていて途中で売り逃げすればよいというのであろうか。

マンションはいずれ大量の産業廃棄物になる可能性がある。どうしたらよいか。もちろんその将来を憂うる人も多い。また政府の抜本的な解決策の登場を期待する人も多い。しかし、それが大規模な世論や運動になるという話はまだ聞いたことがない。これも自分に直接に関係する部分については熱心だが、それを超えて地域や社会全体に関わることにほぼ関心がないという日本社会の現状を反映しているのであろう。

結束力のある共同体

時代は、土地所有権は「何事も可能な自由商品」として語られるべきではなく、人々が豊かで幸福な生活を送るためにはどうしたらよいかと問うようになった。そのようなものの一つのモデルとして参考にしたのが第4章の「田園都市」であった。ハワードのレッチワースは現代の日本に通じる回答の一つである。都市は一方的に与えられたり、商品として選択するだけのものではなく、みんなで創るものであること。そのためには一つの「結束力のある共同体」の形成がなければならない。

田園都市は、同じ志を持つ人々が、一人ひとりは自由でありながら、全体的には都市の秩序、すなわち「職住一体、美しい都市、利益の共同体還元」という大きな目標とルールを共有しながら、参加し、創り上げていくものであった。それはレッチワースのような大規模な新都市の建設でなくてよい。隣の空き家を何とか喫茶店や会議室に改修できないか。近所の空き地を、キャッチボールできる程度の広場に整備できないか。コンビニでも誘致するかあるいは地元商品のための小さな販売所を作れないか、などということから始めればよいのである。

人口減少は利用しない空間を急激に、そして絶え間なく生み出していく。しかしこの空間を不明土地、空き地・空き家といった負の概念としてではなく、「自然」の候補地(予備軍)としてプラスに考えると、人々は豊かで広大な自然とともに、長期展望に言う「真の豊かさ」を享受できる可能性を持つことができるようになったということでもある。山、森、川そして海がよみがえり、デジタル化の進展は、次々と人間と自然の共存の知恵を生み出してくれるだろう。ハワード、大平の理想を受け継ぐ「田園都市」の構想とはそういうものであり、またそうでなければならないのである。

「現代総有」の構築

この田園都市の基盤として新たに構築しなければならないのが「現代総有」である。人々が自己の絶対的土地所有権に基づき自由に(勝手に)土地利用を行う(高い建物を建てる、あるいは放置する)ような状態では、田園都市は建設できない。自由な土地利用は都市の景観に影響を与えるだけでなく、その行為が人々の間に「分断」を生み、人々の結束を壊すからである。現代総有とは、個人の所有権は尊重するが(本来はレッチワースのように現代総有主体が単独で所有することが望ましい)、その利用は結束した共同体が主体となり共同で行うというものである(法的には個人の所有者と主体との間で借地契約を締結する。不明土地など所有権者が確定できない場合は不明土地法により強制的に借地権を設定する)。これはまさしく本章冒頭に見た司馬遼太郎の「土地公有、しかし「公」は国家ではなく、我々の仲間という意味での「公」」と言うべきものであろう。

第2章で、土地改革は時の権力者と時の国民が、時代の要請に応えて決定しているということを見た。現代総有は、日本の土地所有権史の中ではかなり異質なものである。すなわち日本では明治憲法のもと、国民には絶対的土地所有権が保障され、それが時に社会に対して看過できない不都合をもたらす場合には、国家が「公共の福祉」の確保に乗り出すという二重構造になっていることはすでに見た。この構造には国家と国民は登場するが、「公」は存在しない。現代総有の主張はいわば三極構造を目指すものであり、土地所有権史の中でも新しい主張となっているのであるが、改めて確認しておきたいのは、土地改革の主張は、土地だけの矛盾でなく、体制そのものの矛盾と深く関係しているということである。大局的に言えば、現代総有の主張は、現代資本主義の危機を反映しているのである。

二　資本主義の危機と現代総有の登場

資本主義の限界

近代的所有権は資本主義とともにある。資本主義は近代的土地所有がなければ生まれ得ないものであった。しかし近代的土地所有は少なくとも日本では、開発と放置という両極端の現象が早いスピードで展開されていくという、解決不能のように見える危機をはらんだものとなった。これと同じように、土地所有権の生みの親でもあった資本主義もひどい閉塞的状態となっている。

1　資本主義は絶えず競争しながら経済の成長を目指すシステムである。

しかしこの競争・成長路線は世界各国に不平等をもたらし、国々の、そして人々の間の経済格差は修正の効かない不可逆的なものとなった。また、この競争は軍事競争とパラレルである。世界は冷戦を経てまたもや大国間の軍事大競争時代に戻りつつある。特に「核」の競争は完全に「抑止力」の限界を超え、いつでも地球全体を何百回でも破壊する危険性を持つようになった。資本主義競争には資源の独占的確保と最大限活用が不可欠であり、それによる温暖化などの環境破壊は地球生物を絶滅の危機に追い込んでいる。「経済成長主義」は止めなければならないというのが国際世論の大勢である。

2　資本主義は、グローバルな国家や企業の経済競争だけでなく、個人にも他人よりも優位に立ちたいという欲望を掻き立てる。

極端に言えば、このような個人間の競争の上に企業競争があり、個々の企業競争の上に国家がある。さらに言えば国家の上に世界があり、競争はこの世界的規模で行われる。差別や分断は、世界競争、国家競争そして企業競争だけでなく、最小単位である市民(国民)の間での個人間競争が社会に広く深く浸透するにつれて、それは「構造」となり、是正をきわめて困難にしていく。

3　資本主義は、二一世紀の人類の目標——地球の維持保全と貧困を含むあらゆる「差別」をなくすこと——と相容れないものである。

資本主義社会は基本的に「利潤」の獲得を目指す競争社会であり、敗者は市場から撤退させられる。市場での勝者を目指すために、地球環境の保護や貧困解決などは、当面の「利潤」を生み出さないとして手を出さない。

しかし、利潤も究極的には人類あってのものである。人類は利潤以外に、相互に助け合いという道徳のもとで存続してきた。個人は誰でも人権を持ち、それぞれ相互に依存して生活していく。人は一人では生きていけないし、死ぬこともできない。無限大の利潤獲得競争はこのような人類の普遍的な道徳を破壊し、勝者と敗者という形で分断する。

これらが差し当たり現代の資本主義の諸相とでも言うべきものである。

これに対して、多くの人がこれを病気とみなし、治療するために「抜本的改革・処方箋」が必要と考えるようになり、これはみるみるうちに世界中に広がり始めた。

経済的には、資本と市場という二極の構造に対して、その中間に、組合、地域産業、非営利事業などが参加し、公共的市場とでもいうべき新たな市場を開拓していくこと。これを政治的にいえば、政・官・財のトライアングルと市民という二極構造に対して、NPO、NGO、コモンズ、アソシエーション、コミュニティなどのように、必ずしも営利を目的にせず、公共的な利益の確保のために、人々の共同作業を行う存在を構築していくこと。その作業は情報公開と参加、民主主義の活性化と自治の構築などと連結する。このような作業を集結させることによって、真の「地方分権」「自治体の自立」を目指していくというのである。これらは総じて人と人とのつながり、人と自然、そして人と神(宗教)とのつながりを維持・回復し、かつ、差別に象徴されるような資本主義のもろもろの「負」の現象に対して、具体的な対案と有効な実践を示すことによって対抗しようというものである。

ポストモダンあるいは資本主義の終わりを宣告する論調は、これを支持する運動がリアルになり、かなりの影響力を持つようになったことを背景としている。

コミュニティ、アソシエーション、コモンズ、総有

現代総有の主張も、この新しい動きと連動するものであり、ここに挙げた経済や政治領域の多くの言語や思想と親近性を持つ。共同活動という視点で見れば、いわゆるコミュニティ、アソシエーション、コモンズなどと同じ範疇に入っている。

もっとも、コミュニティ、アソシエーション、コモンズとは一体どういうものか、これを正確に定義することはきわめて難しい。現代総有の研究者である野口和雄の「ノート「コミュニティ」って何だ？」(『現代総有』2号、現代総有研究所、二〇二〇年)や、庄ゆた夏「コモンズマップの試み」(『現代総有』3号、同、二〇二一年)などを見ると、論者、時代、地域などによって定義や内容は様々であり、その違いなどを正確に明らかにするのは困難だということがわかる。

ちなみに、

1　コミュニティは、野口によれば、「原点は、ギリシアの共同体にあり、ギリシア語では「コイノニア」といい、交わり、分かち合い」などを意味する。コミュニティはここから派生したが、これを一般化したのが、トクヴィルの『アメリカの民主主義』であり、トクヴィルは一八三一年から三二年のアメリカ視察の中で、アメリカの特質としてある種の「宗教的な集団的同一性」を保持する有機的な機能を果たしている組織があり、これを市民と国家の中間に位置付けた。そして市民は個人個人では力を持たず、「助け合わなければならない」とした。これが日本にも波及したが、その内容は拡散し、かつての町内会なども顔を出すような事態になっていて、定義らしい定義は見当たらない。

2　アソシエーションは、同じく野口によれば「自発的につくられる集団や組織」を意味するが、トクヴィルは「アメリカのコミュニティは「宗教的アソシエーション」によってつくられた」とし、ロバート・オーエンやマルクスなど社会主義者は「組合、共同組合、協会」などをイメージしているという。

3　コモンズについて、庄ゆた夏は「一七世紀ころまで実施されていたイギリスの共有放牧地」が原型になっていて、ギャレット・ハーディン「コモンズの悲劇」(一九六八年)は「コモンズは必ず資源の過剰投資に至り社会的全般に破壊をもたらす」として現代のコモンズ論に対し大きな影響を与えたとしている。しかしこの「コモンズの悲劇」に実証性はないという批判があること、エレノア・オストロム『コモンズの統治』(一九九〇年)は日本の里山なども分析し、公平に共有プール資源の管理を行う無数のコモンズを研究、二〇〇九年女性初のノーベル経済学賞を受賞したこと、さらにはアメリカの制度派は「コモンズとは資源、資源に頼るコミュニティ、そのコミュニティによる資源活用の制度」と紹介している。

4　総有については次頁で解説する。こういう文脈でいえば、現代総有も、同じような評価になると予測されるので、ここでは定義問題には深入りはしない。

ただ、みんなが共同して「資源」を管理し活用していくという意味ではどれもほとんど同じであると思われるが、現代総有には他に見られない特徴があることを強調しておきたい。それは現代総有は資源、特に土地や建物の所有権および共同に利用するといういわば心臓部分に現行法の法的根拠がある、ということである。最近コミュニティについても法的位置付けをめぐって議論が行われるようになったが（アソシエーションやコモンズは、組合あるいは入会などという形では法的に認知されているが、それ自体として法的には認められていない）、総有はこれまで見てきた民法にその根拠を持っており、現代総有はそれを発展させたものであるということを指摘しておきたい。

共有、総有、合有、そして現代総有

先に明治憲法と民法の制定過程を検討し、そこで史上初めて「個人の近代的土地所有権」が確立されたと記した。しかし実は、当初からここには「難題」が立ちふさがっていた。それは所有形態には日本の歴史上様々な形態が存在してきたということに関わっている。一般的には個人所有が原則だが、複数人による所有、あるいは個人ではなく「団体」（集落、町内会など必ずしも法人格を持つとは認められない団体など）が所有してきた土地が存在するという社会的実態である。入会権などはこのような利用方法の代表的なものである。明治政府はこのような利用についても、社会的にも法的にも継続させる必要があると判断した。そして当時の立法関係者は、個人所有を原則とする近代的土地所有権の中に複数人所有や団体的所有をどう位置付けるかに腐心した。

実際、これは容易な作業ではない。というのも、社会的実態として存在する複数人所有や団体的所有には様々な形態があるからである。そこでこれを「狭義」と「広義」に分けて整理してみよう。

1　一つは、より個人的所有に近い形態での「共有」であり、これは現在では相続およびマンションで広範囲に活用されている。複数人で所有しているが、個人個人の権利は「持分権」という形で保障されている。共有財産の維持管理、修理・修繕そして処分について、過半数あるいは全員の合意などとして、詳しいルールが「条文」に定められ、それぞれの局面に応じて、個々人の権利が保障されているのである。新土地基本法の制定と民法改正にあたって、最大のエネルギーが注がれたのは、まさしくこの部分であり、「管理の強化」の観点から相続共有について多くの改正がなされたこと、しかし、現代の最大の問題であるマンション(区分所有権法)については、そのまま手つかずの保留となっていることは第1章で見た。

2　これに対して、複数人所有でありながら、個人の権利性が著しく後退しているのが「総有」であり、日本では典型的には「入会権」などがそれに当たる。これは個人の所有権の集合というよりは「団体主義」的な色彩が濃い権利である、とされている(1)。

例えば複数人利用の象徴的な形態である入会権についていえば、これはもともと、個人が個々に権利を持っているものを束ねたというようなものではなく、長年集落全体が、山の有する価値(建築や土木の資材、燃料、肥料、山菜の収穫など)を共有し、その収穫、つまり利益を集落全体で配分するというものである。もちろん当然のことであるが、その価値を一過性のものにしないで持続させるために、樹木の手入れや伐採、林道の修繕や維持管理、さらにはがけ崩れの修復や害虫の駆除などについて、集落の総力を挙げて対処するのが前提となる。この意味で総有は、山の所有と利用について、集落全体の「自治」と密接に関係している。村人は集落を離れるときはその権利を失う。逆に新たに集落人になる場合、その参加を認めるか否かは総有主体が決定するというのは「自治」の帰結と言えよう。共有と比べていえば、個々人の権利としての「持分権」は認められず、したがって、その処分(他への売却など)や「分割請求」(山の一部を単独所有とする)なども認められないとされてきたのである。

ただこのような団体的利用の内実は、地域によって対外的・対内的にもきわめて多様であり、それゆえ共有のように統一ルールは定めがたい。そこで民法では、

二六三条　共有の性質を有する入会権

二九四条　共有の性質を有しない入会権

に二分類し、前者の場合は、各地の慣習のほか、先の狭義の共有規定が援用されるとし、後者の場合は、各地の慣習が適用されるとした。要するに、そこでのルールはその地域の「慣習」にほとんどを委ねたのである。

なおこのうち入会権は、近代に入って大幅に変容を遂げる。それは入会権の財産的価値とさ

れてきたものがその価値を失ってきたからである。建築建材としての木材はコンクリートや鉄に、燃料としての木材は電気・石油・ガスに、そして肥料にも化学肥料などが出現してくるようになった。その流れのなかで、入会地では、地代の流れに沿うように「別荘地」「スキー場」「観光施設」などが建設されるようになったことは周知のとおりである。こうなってくると、入会権も古典的な慣習法だけに頼ることはできない。そこで、この慣習の世界を近代化するために「入会林野等に係る権利関係の近代化の助長に関する法律」(入会権近代化法、一九六六年)が制定されるなどして、その登記や管理運営を巡って、様々な対応がなされるようになった。

3　最後に、この共有と総有の中間にあるのが「合有」といわれるもので、組合や夫婦間の財産関係がこれに当たるとされている。言ってみれば持ち分権を認める共有、あるいはそれを否定して団体的所有に傾斜している総有と異なって、それぞれの領域の中で、それぞれのルールが決められていくというものであり、これは権利性は認められるが民法には規定がない。

総有はこのように土地の所有や利用について法律上の根拠を持つという点で、入会権などと親近性を持つコモンズは別にして、コミュニティやアソシエーションとは少し距離がある、と思われるのである。

もう少し踏み込んでいえば、入会権などの総有は、土地の有する資源に依存して成立してきた権利であり、その意味ではコモンズもほぼ同様な性格を持つ。しかしコミュニティやアソシエーションは必ずしも土地などの資源や所有権にこだわらない、という意味で若干その趣を異にするのかもしれない。もっとも、このような土地資源に依存する生活形態は、戦後の経済成長と都市化の拡大と進展によって、どんどんと衰退してきていることも事実である。

都市にとって土地は何よりも生存基盤であり、仕事（事務所、工場、商店など）の基盤であり、休息（公園）やレジャー（イベントやスポーツ施設など）の基盤である。それらは入会権のように土地が生み出す目に見える資源を直接的に利活用するものではない。しかしこの土地をどのように利用するかは、人々の生活や活動に大きな影響を及ぼす。重要なのは、この土地を人々が個人的に利用する（利用しない）と、当人だけでなく、周辺あるいは都市全体にもろもろの困難を生み出すが、これを計画的にしかも共同利用することによって、人々の生活あるいは企業の活動などをより「豊かに」また「幸福」にできるということである。計画的な利用は広い意味でこれまでの入会権などの共同利用のメリットと共通するものがあることは言うまでもない。そこで、この古典的土地利用の思想や方法を現代の都市に導入し、より「豊かで幸福」な生活を創るための新たな総有論を開拓したいと考え、それを「現代」の「総有」、すなわち「現代総有」としたのである。

現代総有論では今日の分断化が進む都市の中で、豊かで幸福な生活を営むためには、人と人とのつながりが欠かせないと考えている。それはコミュニティ、アソシエーション、コモンズらと共通し、同じようにその必要性や有効性を確信している。人と人との分断はあらゆるところで進んでいて、それぞれの場面での修復や改善が必要であり、また現代的なスマホなどを活用した新しいつながりを構築しなければならない。なかでも、現代総有論はその根底に、所有権、特にその最大のものである土地と建物の共同利用を据える。

ここまで見てきたように、マンションがその典型であるが、生活に最も関係の深い所有権が、個別に分断されている。マンションは上下左右ともほとんど人的交流がない。また外部の地域社会とも関係を持たない。これら交流を断つことが、最も価値が高いとされているのである。このような生活の根底に関わる住居の分断状況に手を入れないで、一般的に、人と人とのつながりをいくら説いてみても、かなり場違いという感じがしないだろうか。いわば土台とでもいうべき土地所有権の改革なくして、人々のつながりを構想しても、それは一時的なもの、あるいは部分的、表面的なものに終わることを危惧する。

運動としての現代総有

都市の中でこの現代総有を広げていくとはどういうことか。一方で確かな人間の生存基盤を確かめるために、これまでの自然を破壊するだけの開発を考え直す。あるいは、人の孤立は、人と人との関係の断絶だけでなく、最も大きな意味で、神や祖先との関係が断ち切られるということでもあるから、人と神の関係（宗教、神社仏閣、祭り、葬祭など）の維持や復活を試みるという領域に広がる。また神や信仰といった抽象的な領域だけでなく、都市の重要な構築物であるいわゆる社会資本（公共物、公共システムなど）、すなわち、道路や公園、森林などから教育、介護・医療、エネルギーといったものについても現代総有に加えていく必要があるだろう。

周知のように、これら社会的共通資本（経済学者宇沢弘文の提唱）について、「公共性」があるという理由で、これまでは国や自治体が主導する公共事業として、計画や事業そして維持管理が行われてきた。しかし、「お上」の仕事は能率が悪く、しかも決まったことを繰り返すだけで創意工夫がみられず、さらに失敗しても誰も責任を取らないという無責任体制が批判されてきた。他方、小泉政権以降、新自由主義のもと民間の活用が政策の主流となってきたこともあって、最近は公共事業が民営化され、公共事業として維持されている事業でも民間委託が目立つようになってきた。民間活用といっても、それはあくまで企業の「利潤」の確保が至上命令となっている。不採算部分は、国や自治体の補助金での補充などによって支えるといった傾向も目立ってきた。しかし、社会的共通資本とはそもそも社会全体のものであって国や自治体あるいは企業の独占物ではない。むしろこれら全体も「総有」の対象と考えて、総有主体（地域住民、ＮＰＯ、組合など）にそれらの計画や事業、そして維持管理をゆだねる方法を開拓していかなければならない。総有主体は、国や自治体あるいは企業よりもはるかに地域全体の利益の向上を考えるからである。

もう一つ、現代総有論の普及について付け加えておく。現代総有は、今回の土地基本法改正のように、国主導のもと、基本的な法律を制定し、その理念のもと、個別関係法を制改定しながら、全国一律に実施していくという中央集権的な方法をとらない。

現代総有は、入会権と慣習とを見ればわかるように、活動内容や地域などによってそのルールも異なってくる。したがって、今しばらくは各地の活動を見ながらそのルールを検証し、慣習だけにとどめず、法的なコントロールが必要だと判断された場合は、地域に最も近い自治体が条例で対応し、それらの集積を待って最終的に国の法律を制定する、という地方分権的な立法の方法を採用すべきであろう。現代総有とは、可能な地域で、また必要な地域で、地域住民を中心として取り組まれる「運動」でもあるのである。

このような現代総有を、本章の冒頭に見た時代の転換、つまり資本主義から次の新しい時代への過渡期の論理と運動と位置付けておきたい。

三　各地で見られる現代総有の展開

私が現代総有を強く意識するようになったのは、土地そのものというよりは「都市計画」の関連からであった（五十嵐敬喜、野口和雄、萩原淳司『都市計画法改正──「土地総有」の提言』第一法規出版、二〇〇九年）。しかしこれを都市計画のレベルにとどめず、広く土地所有権の改革を含めた社会変革のキーワードにしなければならないと決意したのは東日本大震災復興会議の席上である。

それは、震災直後から被災地には土地・建物の所有者がわからない（登記が過去のままになっている）、道路と私有地の境界はともかく、私有地と私有地の境界が津波によって確定できない、などという土地が大量に存在することがわかったからである。復興を行うための防災集団移転、区画整理や再開発などの事業を行うためには、第１章の新旧土地基本法の解説の中で見たように、土地所有権者が実質的にも形式的にも明確になっていることが前提となっている。しかし、被災者が明日をもしれない困難な生活を強いられているなかで、また、相続が発生すると何十人も関係者がいるかもしれないという状況で、関係者全員の合意を求めていく作業を被災者に任せたままではとても対応できない。また量的にもそれは大変な数になると予想された。真の所有者を確定する作業は簡単なものではなく、専門的な知識と費用、時間、人数など膨大な労力が必要となる。この作業が遅れると復興全体が遅れる。したがって、自治体は私的領域である所有権には「民事不介入の原則」により立ち入るべきではないが、復興という非常事態のもとでは自治体が主となって動かなければならないと実感したのである。

実際に現地での作業にも携わった吉江暢洋弁護士の「復興事業用地の取得に関する問題点」（日本弁護士連合会『自由と正義』二〇一四年四月号）によって「岩手県」の土地の状況を見てみよう（なお宮城、福島でもほぼ同じような状況である）。

吉江は、不明土地によって、集団移転促進、区画整理の事業が遅れており、これら事業を行うためには約二万件以上の用地を確保しなければならないが、二〇一四年時点で土地の売買契約が終了したのは一万三五〇〇件にすぎず、四五〇〇件が懸案（困難）、六五〇〇件が同じ程度に困難となっていると報告した。

つまり、対象物件のうちほぼ半数が、権利者調査の必要性、土地価格・補償金などの問題を抱えていたのである。「不明土地」問題はこのような被災地の土地状況が明らかになって初めて社会化された。すなわち個人個人の問題ではなく全国に共通する「構造的な問題」であることが明確になったのである。もしこの被災地での問題提起がなかったら「不明土地法」の制定なども、時期が相当遅れたかもしれない。

この不明土地の解決はもちろん緊急かつ切実なものであったが、実はそれとともに心配だったのは、仮に不明土地問題が解決したとしても、強固な土地所有権をそのままにして、復興を続けていったら、真実、被災者が安全で安心できる都市ができるか、ということであった。第

3章の都市計画で見てきたように、日本では開発を「市場」に委ねるという通念のもとで都市がつくられてきた。つまり儲かるところでは開発は無限大になり、反対に儲からないところは見捨てられる。人口減少という危機的状態にある被災地で、開発(復興)イコール市場という通念が適用されたらどうなるのか。乱開発を防ぎ、被災者が豊かで幸福に暮らすには、国や自治体頼みでなく住民自身が自らの町を考えながらつくっていく以外にない。

そこで私は、これらの懸念を取り除くため、土地所有権に関する意見書(現代総有論の骨格を示すもの)を復興構想会議に提出した。それは、個別土地所有権に手を触れずに(眠らせる)、地域住民や関係者(土地所有権者、専門家、商工会議所、自治体など)などによって構成される「まちづくり会社」(株式会社、組合、NPOでもよい)を主体にして、当該地域の復興計画をつくり実現していく、これを担保する方法論が「現代総有論」であるとしたのである。具体的に言えば「まちづくり会社」が個別土地所有権者との間で定期借地権契約(例えば五〇年)の契約を締結する。ただし、不明土地については、自治体を媒介にして(つまり今回新たに制定された不明土地法のように、被災住民の土地利用の提案を受けて自治体の首長が簡易な手続きにより、強制的に「土地利用権=借地権」を設定し、不明土地については地代相当分を供託する)、被災住民が共同して土地利用できるようにするというものであった。

この現代総有の提起には、被災住民が主体となる「まちづくり会社」の構想を見ればわかるように、個別所有権論から現代総有へという土地所有権の法的な転換だけでなく、復興にとって不可欠な人と人とのつながり、コミュニティの形成、地域自治、地域経営あるいは持続可能性を目指していくということが含まれていた。この意見に対して賛同する意見も多くあったが、法務省と国土交通省が、現代総有論はこれまでの土地所有権の概念を根本的に崩す「革命」であり、採用できないとして強硬に反対した（この両省が今回の土地基本法や不明土地法などの制改定の主役となっている。時代の変遷がなせる業なのであろう）。その結果、復興構想会議の最終報告で、現代総有については「借地権の方法なども検討に値する」という抽象的なコメントが付されただけであった。

その結果、復興はどうなったか。先にも紹介しているので、ここでは繰り返さないが、現地に行けばわかるように、復興都市マスタープランで描かれた「海との共存」「持続可能性」「賑わい」などという基本的な目標が、言葉だけにとどまり、全国どこにでもあるようなコンクリートの町になったのである。

生業における現代総有の芽生え

しかし「希望」が見えないわけではない。希望は、直接に人の手が加わる農業、漁業、商業のような「生業」の分野に生まれた。

今回の震災によって、農業、漁業、商店街なども決定的に破壊された。国や自治体も生業の再生は復興にとって欠かせないとして全力を挙げた。農業のための基盤整備、漁業のための漁港と保管倉庫、加工場の一体的建設、商店街の振興などに膨大な資金を投入した。問題は、生業はお金を投入し基盤整備をすれば復活できるかということであった。

生業を取り巻く環境は深刻、かつ複雑である。現代総有を取り巻くハードルの高さを知るためにも、簡単に「生業」を取り巻く環境を見ておこう。東北地方に限らず生業は震災前から全国的に衰退の一途をたどっていた。衰退の原因にはそれぞれの業種による個別理由もあるが、いずれの分野でも、当事者が高齢化し、後継者が見当たらないということは共通していた。なぜ後継者が見当たらないか。端的に言えば、生業は業務内容が過酷であり、過酷な労働に見合うだけの収入が得られないことが原因になっている。また生業は自らの努力だけでは解決できない外部環境に大きく左右されることも決定的である。農業は天候や外国産品の輸入、漁業は天候とそれに関係する資源や漁獲量の減少、商店街も大型スーパーの出店によって甚大な打撃を受ける。このような危機は個人の努力だけでは克服することができない。それゆえ農業は農地の大規模化と農業主体の組織化（株式会社、組合）、漁業も漁業組合による船や倉庫あるいは加工工場の共有、流通や販売の一元化が模索されてきた。そして商店街も従来のような個人営業とその連合という形態ではなく、個別商店主、それに町、商工会などが参加して「まちづくり会社」を設立し、まちづくり会社による一体的な運営が必要になってきている。

現地で具体的に商店街を例に見てみよう。まちづくり会社は、敷地所有者(多くは町有地)との間で長期借地権契約(定期賃貸借)を締結し、その土地に商業施設(店舗など)を建設し、これを、個別に地元商店主あるいは新規参入者に賃貸し営業を行う。

ここではまちづくり会社のもと、業種の選別、運営、販路の拡大そしてイベントなどが一体となって行われる。南三陸町さんさん商店街、女川町シーパルピア女川などは、有名建築家による木造平屋建てのユニークな建築などを含めて地域商店街の個性を際立たせていた。また大型スーパーや全国チェーン店には見られない地元の産物を中心とした独自の商品展開があり、観光客にも大人気である。現代総有が誕生したのである。

生業はこのように組織化されることによって、先の後継者難、天候や資源の動向、大型店舗の進出などに左右される不安定要素からある程度は解放され、地元地域にも経済的利益だけでなく活力を生み出していた。

このような現代総有の芽生えや展開はもちろん被災地だけではない。

古くは神の島とされた沖縄県久高島(イザイホーで知られる)の「土地憲章」、寺院と宗教的な行事を通じて固く結びついた和歌山県高野町などの土地利用、ご存じ日本の文化の象徴的な一つである京都の祇園、最近では言わずと知れた元祖現代総有の香川県高松丸亀商店街と全国各地の元気な商店街、コンクリート造りの防災化に対して河川改修とポケットパークによる修復型まちづくりを対抗的に実証した世田谷区太子堂、神奈川県真鶴町のクリストファー・アレグザンダーの「パタン・ランゲージ」を活用した「美の条例」と全国各地の伝統的な町並みの保存や景観地区の取り組み、入会地や財産区での新たな木材の活用、里山や棚田など美と豊かさに魅惑された人々の保全運動、マンションなどを共同で利用し「個化」を克服しようとするコレクティブハウスやシェアハウスの展開、住宅と商店を併存させ外部との交流を求めたマンションの建設。そして不明土地での福祉事業の展開、空き家の住宅や店舗などへの様々な再活用、廃校の有効利用、また市民農園の活動は、現代的な都市と農村の小さな結婚とでも言うべきものであろう。さらに子どもや生活困窮者のための子ども食堂や炊き出しなどは不条理に対する憤りや人類愛による土地や建物の利用、そして現代的な空き家や入会地での現代アートの躍動。

少し毛色は異なるが、東京大手町、丸の内、有楽町の三地区(通称大・丸・有)の中での大手企業が主体となった公開空地《くうち》の共同利用、明治維新以来の古いデザインの保存と再生、災害に備えての自立エネルギーの確保、災害時を想定したビルの開放、おしゃれなカフェ通り。これらは明治以来の事務所だけの単一用途の都市からの脱皮というだけでなく、皇居の景観と共存しながら世界都市間競争を勝ち抜くという「資本による現代総有」の開始を告げているようでもある。

一極集中からの脱却としての企業移転

あらゆる場所で、またとても多様な方法で、個別土地所有権の限界を超え、個人、企業そして自治体などみんなの力を合わせた共同利用が芽生え、展開され始めた。

少子高齢化、あるいは最近の日本の様々なレベルでの劣化(気候変動枠組みの取り組みのなかでの「化石賞」、相対的貧困率、ジェンダーギャップなど)のなかで、生き延びるために、そして豊かな生活を再構築するために、それこそいずれも誰が仕掛けるわけでもなく、ここに見たような土地の共同利用が、離島、中山間地域、そして中小都市から、大都市東京のど真ん中まで必然となってきたのである。

コロナとデジタル社会の到来は、このような現代総有の広がりに、もう一つ新たな刺激を加えようとしている。その一つが「企業移転」である。

東京一極集中の解体はある意味で日本中の悲願である。若干の政府機関の移転などは行われてきたが、「首都移転法」の挫折とともにほとんど掛け声倒れに終わってきた。端的に、人と物、情報を集める企業が東京に居座り続けているからである。コロナとデジタル社会の到来がいわば「外圧」となって、このシステムに風穴を開けようとしている。最も分かりやすい例は人材派遣会社の「パソナ」が東京大手町という中心地から兵庫県淡路島への「本社機能の一部移転」(二〇二〇年九月)を決意したという例である。パソナ代表の南部靖之は概略次のように言う。

「二〇二四年五月末までに本社社員の四分の一にあたる約一二〇〇人の業務を移す。コロナで決断。事業継続の観点。陽性者が出ると事務所閉鎖になる。もう一つはリモートによる勤務形態の変化。移住者が増えると住居や学校が必要になる。パソナには新規事業をやりたい従業員が多い。東京は家賃が高い。忙しさもクレージー。一極集中。農業の衰退、シャッター通り、待機児童などは異常。「心の黒字」が必要」

淡路島では、社員は各業務の拠点をスムーズに移動する。会議の場所は移動可能、オフィスは海岸沿いで海が見える。

淡路島移転構想は二〇〇八年。独立就農の支援から始まり、廃校となった小学校を改装して二〇一二年に複合観光施設「のじまスコーラ」をオープンした。同地区のリゾート開発に力を入れ、徐々にオフィス、新社屋、テーマパーク、レストランを建設し、地元との連携を強める。

これが先に見たハワードのレッチワースや、大平正芳の夢想した「田園都市」になるか、あるいは企業による地元住民の支配、すなわち新しい城下町になるかは、パソナと地元住民(自治体)との関係の構築によって決まっていくのであろう。

なお大企業の地方移転に関して経団連が行ったアンケート(二〇二〇年)では、東京に本社を有する経団連幹事会社四三三社のうち、東京からの移転の実施、検討、可能性ありが、二二・六%、二〇一五年時点での実施実績は七・五%になるという。

四　体制の変革へ――現代総有の主体

現代総有だけでなく、資本主義の行き詰まりを打開するための模索が多面的に始まった。一つひとつは小さな実験であるが、その本質においては、従来の資本主義的システムに反抗し、新たなシステムに移行する「きっかけ」になる要素を含んでいる。総有に関する法制度の誕生とその広がりは、現代総有を「民法」次元から解放し、多面的な広がりを見せ始めている。ここでは土地所有という局面のみでの新しい動きだけでなく、日本社会体制の構造転換にも関わる制度改革を含めてみていきたい。

労働者協同組合

まずは従来の株式会社(資本)と労働という二項対立の構造にくさびを打つ新たな主体(組織論)の確立という観点である。現代総有も個人が中心ではあるが、組織として法人格を獲得しないと永続できない。

二〇二〇年六月、「労働者協同組合法」(議員立法)が成立した。この法律の目的は「組合員が出資し、それぞれの意見を反映して組合の事業が行われ、及び組合員自らが事業に従事することを基本原理とする組織」の設立である。なぜこのような組織が必要か。それは「地域における多様な需要に応じた事業が行われることを促進し、もって持続可能で活力ある地域社会の実現に資する」という公共目的を持つ組織だからである。

これは従来の株式会社(社員は自ら出資しない)、NPO(営利事業は行うことができない)という限界を突破する。また、これまでの労働組合や農業協同組合といった組織は、それぞれの固有な目的のもとにつくられた組織であったが、労働者協同組合では自ら出資した人々が自由に事業を行うというもので、言ってみれば資本と労働が合体したこれまでの組合にはない新しい組織形態と言えよう。

このような新しい働き方のモデルとして、スペインの「モンドラゴン協同組合」が知られてきた。モンドラゴンでは、まず小さな協同組合から始まり、互いに集合し、現在ではスーパーマーケット、信用組合、製造業など九六の企業、七万人の人が組合員であり同時に経営者として働き、年間収益一兆五六〇〇億円を挙げているという。

なお、スペインと同じようにイタリアでも「協同組合の構成員が所属する地域にとっての利益を創出する」ことを目的にして、組合の事業を通じて「社会的・経済的生活の質に向けて、安定的な形で財・サービスを波及させる」ものとしての運動が、「社会福祉、公共サービス、環境保全、農業、林業、畜産、伝統工芸、修復、観光、再生エネルギー創出、社会教育など」の分野で広がっているという。そのような活動の根底には「当該コミュニティの価値の認識」「コミュニティの置かれた条件の改善」「雇用の創出」がある。

自由で地域密着型の組合は、冒頭の資本主義の限界で見たように、従来の企業の「利潤の確保」を第一義とする組織と異なって、「公共目的」すなわち「地域住民の生活の質の向上」を目指すもので、特に、そのために必要な資金は自分で稼ぐ、という点で、いわば企業とも無償奉仕を「善」とする奉仕型の活動とも異なっている。しかし資本主義社会ではもちろん、中国やロシアのような現代社会主義国家でも、自己自身の資金源を確保しなければ活動できない。コモンズ、コミュニティ、アソシエーションといった活動は、どちらかといえば任意、善意の組織であり、寄付金、ファンド、補助金、会費などは許容されるが、事業そのものによって収益を得ることには否定的というイメージがあった。労働者協同組合法は、その限界を突き破るものであり、現代総有の主体の法人化にとってもきわめて有益なものとなるであろう。

農地および森林

新土地基本法の主たるテーマは不明土地や空き地・空き家などの「管理」であった。不明土地などが目立つのは、都市部よりは農地そして森林・林野である。この分野でも後継者がいない、収益が少ない、高齢化で働くことができないという問題が切実になっている。さらには土地は所有していても今後どうするかについては見当もつかないなど、その理由は様々である。
これらも一義的には所有者自身の問題であるが、公益上（他者に迷惑がかかる、環境上悪影響を及ぼす、有効活用が求められるなど）放置することができないといった観点から様々な対策が試みられるようになった。

まず「農業経営基盤強化促進法」（二〇一八年改正）は、意欲ある農業者に対して農地の利用を促進するために、「農地中間管理機構」（農地バンク）を設立し、「地権者からの農地の買い入れ、意欲ある農業者への売り渡し事業」を実施できるようにした。これは第３章で見た「都市のランドバンク」に対応する「農村のランドバンク」と言うべきものである。

農地バンクは都市の土地バンクと異なって、バンク自身が自ら農地を利用しない農家から農地を買い、これを農地がほしい人に売却できるという点に特色がある。農地購入費用が都市の土地と比べて比較的安いことと、購入する人の顔が見える（信頼性を判断できる）、農地売却の効果を確かめることができるなどの点が、そのようなことを可能にしたのであろう。

森林についてみると、「森林経営管理法」（二〇一八年）は、森林所有者が林業の低迷や所有者の世代交代などにより管理ができないという事態に対処するため、所有者の意向に基づいて市町村に経営管理を委託し、林業の成長産業化と適切な管理を行うことができるようにした。実際、委託を受けた市町村は、意欲ある森林経営者に対して、さらに経営を委託するという形で森林を集約化し、収益と管理を行うことになる。つまり個別利用を森林全体の維持管理の観点から、一種の総有的利用へと転換するものと言えよう。

新土地基本法では、土地所有者に対して土地の利用を促進することを強調するとともに「地域住民その他の土地所有者等以外の者による当該利用及び管理を補完する取組を推進するため必要な措置を講ずるように努める」（同法七条）とした。これを具体化した一つの例が、不明土地に対する地域住民の土地利用申請に対する都道府県知事の簡易収用手続きによる「強制利用権」の設定であることは第2章で見た。これは不明土地の場合であるが、所有者の存在は確かめられるものの「未利用」となっている空き地・空き家に対しても、このような強制手続きでなくても地域住民などによる「積極的な活用」が望まれることは言うまでもない。現在のところ、その利用は所有者の「同意」を得て、ということであるが、ランドバンクを活用して、様々な方法を考えていくべきであろう（例えばランドバンクが空き家の改築・修理などを行い、これを第三者に賃貸し、その利益を、改築や修理費用に充てるほか、次の物件の費用に充てていく）。

社会福祉

空き地利用について、地域住民の参加が期待されている分野として「社会福祉」がある。

社会福祉法（二〇一七年改正）はこの要請に応えるため「地域住民、社会福祉を目的とする事業を経営する者及び社会福祉に関する活動を行う者は、相互に協力し、福祉サービスを必要とする地域住民が地域社会を構成する一員として日常生活を営み、社会、経済、文化その他あらゆる分野の活動に参加する機会が確保されるように、地域福祉の推進に努めなければならない」(四条)とした。福祉分野では、福祉関係者だけでなく「地域住民」も、関係者と同様の権利と義務を持つ主体として、法律上位置付けられたというのが本法の特色である。これまで常にサービスの客体であった住民を、サービスを担う主体に転換した画期的な成果と言えよう。地域住民はこの法律によって、積極的に不明土地や未利用土地の利用に乗り出すことができるようになった。それはモラルとしてだけでなく、法的にも義務となったことを確認しておきたい。

こうして今や各種分野で地域住民が主体となって空き地・空き家の利用に登場することが法文上も確認されるようになったのは、現代総有の拡大と強化に法律上の手がかりを与える。このような法的な位置付けは、農地、森林あるいは福祉分野だけでなく、環境、自然保護、そして都市のあらゆる分野に広がっていくことが期待される。復興基本法でうたわれた地域住民主体は、理念を超えて個別実定法によってその位置を法的にも明確にされ、各自治体の都市マスタープランに採用されていく。すなわち「田園都市」は、ハワードのレッチワースという歴史的教訓、あるいは大平の構想という段階を超えて、資本主義という体制の枠内で、資本主義を超える芽を持つ新しいシステムとして認知されたということを国民全体で共有したい。

立ち上がる市民たち

現代総有をめぐる社会環境は複雑であり、一進一退の感をぬぐえない。そしてこの一進一退は、日常生活のあれこれだけでなく、深く世界の資本主義の危機と結びついている。「天下の一大事」論でいえば、今はその予兆が告げられている「時」といってもよいのではないか。歴史は、この予兆が現実化するかどうかは、旧体制を保守する権力・統治機構に対峙する新しい権力・統治機構の誕生と、それを支える主権者たる新しい市民・国民の登場が不可欠であることを教えている。しかし日本では未だその姿はくっきりとは見えてきていない。その登場を待望しながら、最後に、現状のような政治・経済・社会の枠組みの中での、改革のプログラムについて少しだけコメントしておきたい。

まちづくりの主体は地域住民である。土地所有権の担い手も現代総有を志向する市民である。これはそうでありたいという願う、観念的なスローガンを言うのではない。

本書全体で見たように、国や自治体が主導して不明土地、空き地や空き家の取得や解体のために一斉に動き出すことはほとんど期待できない。国や自治体は、直接的な事業を行う「公共事業用地の取得」はともかく、それ以外の不要で不急の土地を購入し、建物を解体し、さらにそれを再利用していく作業に積極的に乗り出すとはほとんど考えられない。仮に行政にその意思があったとしても。差し迫った医療費や福祉関係の経費の増大、あるいは子育てや教育の負担など増加する一方の必要経費などと比べて、こちらの方はいかにも優先順位が低いと判断されるだろう。

先に、現代総有はいずれ国全体で「不可避」になると予告したが、正直に言うと、これはたぶんに今のところ「期待」を含んだものである。とりあえずは、自分の町を良くしたいと思う有志が立ち上がらなければことは始まらないのも真実なのである。有志はとりあえず空き地や空き家を見て回るだろう。同時に、既存の地域の集会場、児童のための教育や遊具場、あるいは高齢者のための施設などを点検するであろう。

困った人はいないか。

子どもや若者にどのような希望を与えることができるか。

学校や医療機関は大丈夫か。

地域にとってコンビニ、快適で安全な福祉・医療施設、おいしいレストランや販売所、できれば清潔でのびのびできる宿泊施設などがあればどうだろう。

農業・漁業、林業等の生産と加工、販売などのいわゆる六次産業の育成はどうしたらよいか。その製品を日本だけでなく外国に出荷できないか。

我が町に優れた職人はいないか。どうしたら育てられるだろうか。

古くからの「祭り」を再開したい。

デジタル社会の到来で、自分たちの町がどのような町であるか、将来はどうなるのか、たちどころに知ることができるようになった。日本だけでなく世界中と比較することができる。そして伝統的な文化や地域に独自な商品の情報を世界中に喧伝することができ、様々な交流を可能にする。どこでも世界で一番の商品や文化を創ることができるようになったのである。

町歩きの成果は町のマスタープランに反映され、個人、地域を基礎に自治体全体の「意思」となっていくであろう。これが現代の「田園都市」であり、そこでは「美しい町、自給自足の経済、職住一体の仕事場」などが創設される。デジタルは情報交換だけでなく、このような「田園都市」の形成にどのように役立つのかを本気で考えなければならない。このような意思を持たない地域は、企業や自治体から、そして市場や住民から見放され、廃墟となっていくことも覚悟しなければならない時代となったのである。

最後に、もう一度、司馬遼太郎に戻りたい。司馬は土地所有権について、土地は権力・統治者(国家)のものでも、また個人のものでもない。土地は「公」であると断言した。この「公」は、いきなり天から降ってくるのではなく、「地縁(地域)、職場縁(会社)、人愛縁(知人、友人)、互助縁(ボランティア)、共住縁(集合住宅)」を強化し、維持していかなければ、創り出すことができないのである。

あとがき

本書は「土地は誰のものか」という問いに対して、日本の未来を想定しながら答えを探そうとしたものであるが、なにしろ、この問いの底辺には実に深く広大な世界が横たわっている。それは「誰のものか」という以前に、そもそも「土地所有権とは何か」という問いと直結しているからである。そしてその答えは時代によって異なっている。近代に入ってそれは「土地所有権の自由」として近代日本を創り支えてきた。しかし、人口減少社会の時代を迎えて「自由」の意味は大きく転換せざるを得なくなっている。転換を考え、悪戦苦闘しながらたどりついたのが「現代総有」である。すなわち、土地は個人のものでも国家のものでもなく、公的なものであり、土地の共同利用こそ、今後求められる真の土地所有のあり方ではないかというものである。

現代総有はいまだ熟しているものとは言えないが、共同利用という形態はもう全国で始まっている。なぜならそれは歴史の必然だからではないか。

本書を完成させるにあたって、岩波書店の名編集長清宮美稚子さんからたくさんの刺激をいただいた。互いに議論し、資料を集めながら思ったのは、途中なにげなくふとつぶやいたことなどが思考の進化に大いに役立つ。デジタルだけでは人と人とはつながれない。現代総有の原点である、人と人、人と自然、そして人と神との強固なつながりは、「縁の共有」によって生み出されることをあらためて確認させていただいた。感謝。ありがとう。

五十嵐敬喜

二〇二二年初春

注

はじめに

（1） 司馬遼太郎『対談集 日本人への遺言』田中直毅との対談（朝日文庫、一九九九年）。なお、司馬には『対談集 土地と日本人』（中公文庫一九八〇年）のほか、有名な『街道をゆく』（全四三冊）がある。このシリーズでは、「土地」を土台にして長年にわたってくり広げられてきた各地域（オランダ、モンゴルなどの外国を含む）の人間ドラマと土地の持つ豊穣性が活写されている。

第1章

（1） 旧土地基本法をめぐっては、五十嵐敬喜『検証 土地基本法』（三省堂、一九九〇年）、同『土地改革のプログラム 都市への権利』（日本評論社、一九九一年）、五十嵐敬喜・野口和雄監修『図説ニッポン土地事情'90』（自治体研究社、一九九〇年）参照。

（2） 沖縄県は戦争による爆撃などによって戸籍や土地台帳など土地関連資料および土地そのものの形状もすべて破壊された。これも大きな意味で「不明土地」であるが、沖縄県では県と市町村の所有としている。この差異が土地利用の仕方についてどのような影響を与えるか、検討の必要がある。

（3） なお所有権の帰属については自治体という可能性もあったが、二〇二一年一月一二日に出された次のような自治体の要望もあり、最終的に国ということになった。

「全国市長会・全国町村会は当初の「土地所有権の放棄　相続により取得した農用地や森林の所有者にかかる市町村への申し出の義務化」という国の方針に対して
1　国民の理解がない
2　申し出の義務化は、それだけで済むわけでなく利用や管理を考えなければならず、それは自治体の努力を超えた過重な負担を強いる。
3　本来国の機関である法務局が窓口となるべき
4　農用地や森林の活用は、現在の政策の活用という形で考えるべきである
等として、国庫帰属制度は賛成だが、農用地や森林の所有者らの事前申請手続きに反対という立場である」

第2章

(1)　代表的な文献として、渡辺尚志・五味文彦編『土地所有史』(新体系日本史3　山川出版社、二〇〇二年)、竹内理三編『土地制度史1』(体系日本史叢書6　山川出版社、一九九三年、第一版九刷)を参考にしている。

(2)　福本和夫『日本ルネッサンス史論』(福本和夫著作集第九巻、こぶし書房、二〇〇九年。初版一九六七年)は、江戸時代の鉱山、貨幣、国学、古医方、史学、和算、測量、造船、百姓一揆などについて、詳細に調査と研究を行い、江戸の文化水準は西欧のルネッサンスに匹敵することを論証しようとした。

(3)　明治民法は、一八九〇年(明治二三年)に、フランス人御用掛ボアソナードを中心に、フランス革命

の成果を継承したナポレオン法典を模範に「財産編、財産取得編」として編纂され、一八九三年に施行予定となっていた。しかし、この法律は日本の「旧慣」(家族問題)を考慮していないなどとして対立が起こり、家族などについてフランス法に代えてドイツ民法をモデルにして一八九六年に新法として制定された。もっとも、この二つの法典とも「所有権」についての大きな相違は見られない。

ちなみにフランス法の原点とされる一八〇四年ナポレオン法典(フランス民法典)は「私有財産の絶対性、家族の尊重、国家の世俗性・法の前の平等」を定めるものであり、近代化するヨーロッパ諸国の模範、近代資本主義の要請を満たす近代市民法典と評価されている。

このうち所有権についてみると、五四四条「所有権は、法律または規定によって禁止された行使によらないかぎり、物をもっとも絶対的に使用し、かつ処分し売る権利である」、五四五条「なんぴとも、公益上の理由により、かつ正当にして事前の補償を受けないかぎり、その所有権の譲渡を強制されることはあり得ない」とされていて、二つの明治民法はほぼこれを踏襲した、とされている。

第3章

(1) 国土交通省「都市計画制度の概要」「各国の土地利用制度の比較」など参照。

(2) 大野輝之・矢作弘『日本の都市は救えるか——アメリカの「成長管理」政策に学ぶ』(開文社出版、一九九〇年)

(3) 司法書士総合研究所業務開発研究部会研究報告『不動産の所有者不明化を根絶する社会システムを考える——世界の制度研究から見えてきたこと』二〇一九年(第三版)(主任研究員石田光廣、研究員平野次郎・村上毅)

（4）つるおかランド・バンクの活動実績（二〇一三年から二〇二一年上期まで）は次のとおりである。

相談対応　所有者五六二人　希望者六〇六人、管理他二〇〇人　相談会五七八回
空き家バンク　登録数　五〇六件
　成約　相対二七件、業者一八四件
　宅建業者　引き受け二九七件、成約一八四件
空き家管理　巡回　しっかり一四件、ライト八件
　他各種作業　見積一四五件、実施一四二件
解体　見積二三一件　実施五七件

（5）豊原圭次朗「コンパクトシティ実現手段としての日米ランドバンクに関する考察」（https://www.sg.kyoto-u.ac.jp/sg/wp-content/themes/sg-kyoto-u/assets/file/education/research-paper/2017/research_paper-04.pdf　最終閲覧日二〇二一年一二月三一日）のほか、米山秀隆編著ほか『世界の空き家対策――公民連携による不動産活用とエリア再生』（学芸出版社、二〇一八年）、小林正典・光成美紀「米国におけるランドバンク及びコミュニティ・ランド・トラストの活用による都市住宅市場の再生手法に関する研究」（『都市住宅』九五号、二〇一六年）、藤井康幸「米国のランドバンクの動向について」（国土交通省土地・建設産業局研究会、二〇一七年）など多数。

第4章

（1）コンパクトシティの前身は「まちづくり三法」（改正都市計画法、大規模小売店舗立地法、中心市街地活性化法、一九九八年）である。これらは大型スーパーの進出で既存商店街が潰れていく事態に対

処するため、中心市街地を活性化しようというものであった。都市再生法、地域交通活性化・再生法はこれをさらに強化しようとするものである。

（2）日本では幸福感は個人の問題とされ、世界では個人にプラスして社会が関係すると考えられている。社会的な関係とは社会的支援のほか、寛容さ（過去一か月の間にチャリティなどに寄付をしたことがあるか）、腐敗の認識（不満、悲しみ、怒りの少なさ）あるいは、コミュニティ（支援ネットワークの質）、環境、市民参加、投票率、ワークライフバランス（長時間労働、余暇、ケアにあてた時間）などが評価項目に挙げられている。日本の国際的な低評価は、幸福論の中でこの社会的関係がいかにも希薄になっていることが原因になっている。

（3）渋沢栄一（日本資本主義の父）は一九一八年、田園都市株式会社を設立した。「人間は到底自然なしには生活できるものではない。私は東京が非常な勢いで膨張していくのを見るにつけても、我が国にも田園都市のようなものを造って、都会生活の欠陥を補うようにしたい」と言う。当初ここでは土地の購入者に対して「建物は三階以下」「建物敷地は宅地の五割以下」という制限を設けていた。しかし、高度経済成長後、地価高騰と多額な相続税などで土地の細分化などが始まったため、一九八二年、七項目から成る「田園調布憲章」が定められた。

第5章

（1）共同利用について、例えば「農地」について江戸時代の「割地」（耕作地を一定の年限を区切って変更する）、都市における「長屋」では火災後の建て替えや修繕などが長屋全体で行われたこと、長屋内の番所、便所、神社などを長屋住民が共同利用していたこと、あるいは近隣の通路、川、林地などについて長屋が地域全体で資材の確保・提供から維持管理までを行っていたという事実を見ると、このような土地利用も総有とみて対応することも可能だったのではなかろうか。

五十嵐敬喜

1944年山形県生まれ．法政大学名誉教授，弁護士，元内閣官房参与．『美しい都市をつくる権利』『美しい都市と祈り』(学芸出版社)，『現代総有論』(編著，法政大学出版局)，『「都市再生」を問う』『建築紛争』『道路をどうするか』(共著，岩波新書)，『「国土強靭化」批判』(岩波ブックレット)，『震災復興10年の総点検』(共著，同)他，著書多数．

土地は誰のものか
——人口減少時代の所有と利用　　岩波新書(新赤版)1914

2022年2月18日　第1刷発行

著　者　五十嵐敬喜《いがらしたかよし》

発行者　坂本政謙

発行所　株式会社 岩波書店
〒101-8002 東京都千代田区一ツ橋2-5-5
案内 03-5210-4000　営業部 03-5210-4111
https://www.iwanami.co.jp/

新書編集部 03-5210-4054
https://www.iwanami.co.jp/sin/

印刷・理想社　カバー・半七印刷　製本・中永製本

ISBN 978-4-00-431914-6　　Printed in Japan

岩波新書新赤版一〇〇〇点に際して

ひとつの時代が終わったと言われて久しい。だが、その先にいかなる時代を展望するのか、私たちはその輪郭すら描きえていない。二〇世紀から持ち越した課題の多くは、未だ解決の緒を見つけることのできないままであり、二一世紀が新たに招きよせた問題も少なくない。グローバル資本主義の浸透、憎悪の連鎖、暴力の応酬――世界は混沌として深い不安の只中にある。

現代社会においては変化が常態となり、速さと新しさに絶対的な価値が与えられた。消費社会の深化と情報技術の革命は、種々の境界を無くし、人々の生活やコミュニケーションの様式を根底から変容させてきた。ライフスタイルは多様化し、一面では個人の生き方をそれぞれが選びとる時代が始まっている。同時に、新たな格差が生まれ、様々な次元での亀裂や分断が深まっている。社会や歴史に対する意識が揺らぎ、普遍的な理念に対する根本的な懐疑や、現実を変えることへの無力感がひそかに根を張りつつある。そして生きることに誰もが困難を覚える時代が到来している。

しかし、日常生活のそれぞれの場で、自由と民主主義を獲得し実践することを通じて、私たち自身がそうした閉塞を乗り超え、希望の時代の幕開けを告げてゆくことは不可能ではあるまい。そのために、いま求められていること――それは、個と個の間で開かれた対話を積み重ねながら、人間らしく生きることの条件について一人ひとりが粘り強く思考することではないか。その営みの糧となるものが、教養に外ならないと私たちは考える。歴史とは何か、よく生きるとはいかなることか、世界そして人間はどこへ向かうべきなのか――こうした根源的な問いとの格闘が、文化と知の厚みを作り出し、個人と社会を支える基盤としての教養となった。まさにそのような教養への道案内こそ、岩波新書が創刊以来、追求してきたことである。

岩波新書は、日中戦争下の一九三八年一一月に赤版として創刊された。創刊の辞は、道義の精神に則らない日本の行動を憂慮し、批判的精神と良心的行動の欠如を戒めつつ、現代人の現代的教養を刊行の目的とする、と謳っている。以後、青版、黄版、新赤版と装いを改めながら、合計二五〇〇点余りを世に問うてきた。そして、いままた新赤版が一〇〇〇点を迎えたのを機に、人間の理性と良心への信頼を再確認し、それに裏打ちされた文化を培っていく決意を込めて、新しい装丁のもとに再出発したいと思う。一冊一冊から吹き出す新風が一人でも多くの読者の許に届くこと、そして希望ある時代への想像力を豊かにかき立てることを切に願う。

（二〇〇六年四月）